V.

@

Motifs & Détails

CHOISIS

d'Architecture Gothique

EMPRUNTÉS

AUX ANCIENS ÉDIFICES DE L'ANGLETERRE

par

A. PUGIN,

ARCHITECTE,

TEXTE HISTORIQUE & DESCRIPTIF

PAR

E. J. WILSON,

Traduit avec autorisation & annoté

PAR

ALPHONSE LEROY,

Professeur à l'Université de Liége.

PREMIER VOLUME.

PARIS,

E. Noblet, Éditeur,

Rue Jacob. 20.

LIÉGE,

Même Maison,

Place derrière St Paul. 6.

1858.

AVANT-PROPOS DU TRADUCTEUR.

La Notice de M. Édouard James Willson *sur les travaux archéologiques d'Auguste Pugin*, insérée au tome II des *Types d'Architecture gothique* (1), contient, sur la raison d'être et sur l'origine du présent ouvrage, quelques considérations intéressantes dont nous croyons utile de rappeler le souvenir à nos lecteurs. Nous citons la traduction de M. le colonel DELOBEL :

« Longtemps avant que Pugin père se fût imposé la laborieuse tâche d'y pourvoir, les hommes de l'art avaient généralement senti le besoin d'avoir à leur disposition une collection de dessins géométraux reproduisant d'une manière exacte et authentique les détails caractéristiques du style ogival. On avait alors déjà, il est vrai, publié de nombreux recueils de belles gravures, et dépensé force imagination et érudition en recherches historiques et en discussions scientifiques sur l'architecture chrétienne ; mais, toutes précieuses qu'elles pussent être d'ailleurs pour les archéologues et pour les amateurs du grand monde, la plupart de ces publications n'étaient que d'une bien mince utilité aux architectes ; et, en effet, au point de vue de l'application, quel profit ces derniers pouvaient-ils tirer, soit de ces dessins en perspective et de ces vues d'ensemble dans lesquelles les détails sont à peine accusés, soit de ces dissertations ardues et si souvent hasardées sur l'origine de l'ogive, sur les caractères qui différencient entre eux les styles saxon et normand, enfin sur les prétentions rivales de l'Allemagne, de la France et de l'Angleterre en ce qui concerne la priorité d'invention du style ogival ? Ce qu'il fallait, ce qui manquait complètement alors aux constructeurs et restaurateurs d'édifices gothiques, c'était un ouvrage d'un prix peu élevé et dans lequel ils pussent trouver, comme modèles à suivre, une collection de spécimens empruntés aux constructions gothiques encore existantes, copiés fidèlement d'après nature, rendus en épures exactement cotées, et embrassant dans leur ensemble tous les détails que comportent, dans les différents genres d'édifices, les périodes ou transformations successives de ce beau style. Ayant eu le premier l'idée d'une publication de cette nature, nous en communiquâmes le plan, dès 1818, à Auguste Pugin, lorsqu'il vint à Lincoln pour y dessiner quelques édifices anciens qui

---

(1) L'édition française de cette belle publication, due aux soins de M. le colonel Delobel, a vu le jour, en 1854, chez M. E. Noblet (Paris et Liége, 3 vol. in-4°).

devaient figurer dans le tome V des *Antiquités architecturales* de Britton, alors en cours de publication ; et cette idée fut si chaleureusement accueillie par lui, que nous en arrêtâmes la réalisation immédiate sous le titre de *Spécimens d'Architecture gothique.* Suivant notre plan, chaque sujet représenté devait être accompagné d'une Notice descriptive, et l'ouvrage, précédé d'un court essai sur la décadence de l'art chrétien en Angleterre, ainsi que sur les diverses tentatives faites par les modernes pour en amener la renaissance, serait terminé par un glossaire technique puisé aux anciennes, aux meilleures sources, et ayant pour but de donner la clef de la terminologie, jusque-là peu connue, des éléments de l'architecture du moyen âge.

» Il convient de faire remarquer ici que Pugin avait, dès 1816, publié, en collaboration avec M. F. Mackenzie, et sous le même titre de *Spécimens d'Architecture gothique*, un ouvrage composé de 61 planches, dont les sujets étaient, en majeure partie, empruntés aux anciens édifices d'Oxford ; mais cet ouvrage, malgré son analogie avec celui que nous publiâmes ensuite sous le même titre, n'avait pas la même utilité que ce dernier au point de vue de l'application pratique ; car, outre que plusieurs sujets n'offraient d'autre intérêt que celui d'être curieux, tous n'étaient représentés qu'en perspective, et ne pouvaient conséquemment pas servir de modèles aux architectes constructeurs et restaurateurs.

» Le grand succès obtenu par le premier volume des *Nouveaux Spécimens* engagea Pugin à en composer un second, lequel parut vers la fin de 1822. »

Les mêmes intentions, les mêmes vues d'utilité pratique présidèrent plus tard à la publication des *Antiquités architecturales de la Normandie* (1) et des *Types d'Architecture gothique*, que l'on doit considérer comme la suite naturelle des *Nouveaux Spécimens.* Sans négliger le côté historique et archéologique dans la description des monuments du moyen âge ; sans méconnaître l'importance des recherches qui ont pour but de constater les progrès, le mélange, l'influence, la décadence des divers styles, Auguste Pugin, d'accord avec ses honorables collaborateurs, s'est surtout demandé quel *usage* on pourrait faire de ses travaux, et non quels trésors d'érudition on irait y puiser. Comme les autres recueils déjà mis à la disposition de nos lecteurs, plus spécialement même, les deux volumes que nous publions aujourd'hui s'adressent aux architectes, aux constructeurs, aux restaurateurs d'édifices. L'éditeur anglais prend bien soin de le faire remarquer dans sa préface : « Tous les motifs, tous les détails dont on trouvera ici la représentation pourront être aisément » *exécutés* par les hommes de l'art, soit à l'échelle des constructions originales, en cas d'analogie « de destination, soit à toute autre échelle, suivant l'occurrence. »

Il semble toutefois, au premier abord, que Pugin et ses amis, en se plaçant à ce point de vue essentiellement *utilitaire*, aient risqué de fourvoyer l'art et les artistes, d'enrayer l'esprit d'invention, d'étouffer la poésie par des considérations techniques. Et vraiment, en supposant qu'il convienne encore de bâtir en style gothique, sont-ce bien les systèmes de construction des anciens architectes qui nous intéressent aujourd'hui ? Les progrès de la science ne nous ont-ils pas donné des moyens plus simples de produire les mêmes effets, de calculer avec plus de précision la résistance des matériaux, de résoudre sans effort les problèmes ardus qui les tourmentaient ? Sommes-nous réduits, d'autre part, à copier servilement nos prédécesseurs, et n'est-ce pas seulement pour féconder notre imagination que nous avons besoin de la connaissance de leurs œuvres ?

---

(1) Nous avons donné, en 1855, une édition française de ce recueil (Paris et Liége, E. Noblet, in-4°).

Étudions-les donc comme nous étudions l'histoire et la littérature, pour apprendre à discerner les tendances et les styles de chaque époque, mais non avec la prétention bizarre de préparer la résurrection d'un ordre de choses qui ne reviendra plus.

Ces objections ont quelque chose de spécieux ; d'ailleurs on ne peut nier que les ardents défenseurs de l'art du moyen âge n'aient quelquefois, sous divers rapports, dépassé le but. Mais c'est ce qui arrive toujours quand un système qui contient une part de vérité s'est trouvé longtemps et injustement méconnu. La première effervescence passée, on devient équitable et tolérant. En matière d'architecture, par bonheur, nous sommes en voie d'atteindre une de ces situations favorables où l'on peut juger sans passion et sans engouement les luttes qui ont agité la génération précédente.

M. Viollet-Leduc (1), avec cette pénétration d'esprit et cette droiture de jugement qui se font remarquer dans tout ce qu'il écrit, s'est chargé lui-même de répondre une fois pour toutes aux prétendus progressistes et aux *dilettanti*, qui, ne voyant dans l'architecture que l'aspect extérieur, le vêtement pour ainsi dire, ne comprennent pas les rapports intimes de l'art et de la science, et tantôt craignent de voir celle-ci absorber celui-là, tantôt, au nom de l'imagination, tombent dans un éclectisme arbitraire qui ne met en relief que leur stérilité. Ennemis de l'art au fond, si l'art est dans l'unité vivante, dans le principe même de l'œuvre. Mais laissons la parole à l'éminent architecte français :

« En étudiant l'architecture du moyen âge, dit-il, en cherchant à répandre cette étude, nous devons dire que notre but n'est pas de faire rétrograder les artistes, de leur fournir les éléments d'un art oublié pour qu'ils les reprennent tels quels, et les appliquent sans raisons aux édifices du XIXᵉ siècle ; cette extravagance a pu nous être reprochée, mais elle n'a heureusement jamais été le résultat de nos recherches et de nos principes. On a pu faire des copies plus ou moins heureuses des édifices antérieurs au XVIᵉ siècle ; ces tentatives ne doivent être considérées que comme des essais destinés à retrouver les éléments d'un art perdu, mais non comme le but auquel doit s'arrêter notre architecture moderne. Si nous regardons l'étude de l'architecture du moyen âge comme utile, et pouvant amener peu à peu une heureuse révolution dans l'art, ce n'est pas à coup sûr pour obtenir des œuvres sans originalité, sans style, pour voir reproduire sans choix, et comme une forme muette, des monuments remarquables surtout à cause du principe qui les a fait élever, mais c'est au contraire pour que ce principe soit connu, et qu'il puisse porter des fruits aujourd'hui comme il en a produit pendant les XIIᵉ et XIIIᵉ siècles.

» En supposant qu'un architecte de ces époques revienne aujourd'hui avec ses formules et les principes auxquels il obéissait de son temps, et qu'il puisse être initié à nos idées modernes, si l'on mettait à sa disposition les perfectionnements apportés dans l'industrie, il ne bâtirait pas un édifice du temps de Philippe-Auguste ou de saint Louis, parce qu'il fausserait ainsi la première loi de son art, qui est de se conformer aux besoins et aux mœurs du moment, d'être rationnel. Jamais peut-être des ressources plus nombreuses n'ont été offertes aux architectes ; les exécuteurs sont nombreux, intelligents et habiles de la main ; l'industrie est arrivée à un degré de perfectionnement qui n'avait pas été atteint. Ce qui manque à tout cela, c'est une âme, c'est ce principe vivifiant qui rend toute œuvre d'art respectable, qui fait que l'artiste peut opposer la raison aux

---

(1) Préface du *Dictionnaire raisonné de l'Architecture française du XIᵉ au XVI siècle*, p. XIV et suiv.

fantaisies souvent ridicules des particuliers, ou d'autorités peu compétentes trop disposées à considérer l'art comme une superfluité, une affaire de caprice ou de mode. Pour que l'artiste respecte son œuvre, il faut qu'il l'ait conçue avec la conviction intime que cette œuvre est émanée d'un principe vrai, basé sur les règles du bon sens ; le goût, souvent, n'est pas autre chose; et, pour que l'artiste soit respecté lui-même, il faut que sa conviction ne puisse pas être mise en doute ; or, comment supposer qu'on respectera l'artiste qui, soumis à toutes les puérilités d'un amateur fantasque, lui bâtira, suivant le caprice du moment, une maison chinoise, arabe, gothique, ou de la renaissance? Que devient l'artiste au milieu de tout ceci? N'est-ce pas le costumier qui nous habille suivant notre fantaisie, mais qui n'est rien par lui-même, n'a et ne peut avoir ni préférence, ni goût propres, ni ce qui constitue avant tout l'artiste créateur, l'initiative? Mais *l'étude d'une architecture dont la forme est soumise à un principe, comme le corps est soumis à l'âme, pour ne point rester stérile, ne saurait être incomplète et superficielle.* Nous ne craindrons pas de le dire, ce qui a le plus retardé les développements de la renaissance de notre architecture nationale, renaissance dont on doit tirer profit pour l'avenir, c'est le zèle mal dirigé, la connaissance imparfaite d'un art dans lequel beaucoup ne voient qu'une forme originale et séduisante sans apprécier le fond. Nous avons vu surgir ainsi de pâles copies d'un corps dont l'âme est absente. *Les archéologues, en décrivant et classant les formes, n'étaient pas toujours des architectes praticiens, ne pouvaient parler que de ce qui frappait leurs yeux; mais la connaissance du pourquoi devait nécessairement manquer à ces classifications purement matérielles,* et le bon sens public s'est trouvé justement choqué à la vue de reproductions d'un art dont il ne comprenait pas la raison d'être, qui lui paraissait un jeu bon tout au plus pour amuser quelques esprits curieux de vieilleries, mais dans la pratique duquel il fallait bien se garder de s'engager. C'est qu'en effet, s'il est un art sérieux qui doive toujours être l'esclave de la raison et du bon sens, c'est l'architecture. Ses lois fondamentales sont les mêmes dans tous les pays et dans tous les temps ; la première condition du goût en architecture, c'est d'être soumis à ces lois ; et les artistes qui, après avoir blâmé les imitations contemporaines de temples romains dans lesquelles on ne pouvait retrouver ni le souffle inspirateur qui les a fait élever, ni des points de rapports avec nos habitudes et nos besoins, se sont mis à construire des pastiches des formes romanes ou gothiques, sans se rendre compte des motifs qui avaient fait adopter ces formes, n'ont fait que perpétuer d'une manière plus grossière encore les erreurs contre lesquelles ils s'étaient élevés. »

M. Willson ne s'exprime pas autrement dans la préface de la première édition des *Spécimens* : « S'agit-il d'adapter l'architecture gothique aux exigences de notre temps, le premier devoir de l'architecte, sa tâche la plus importante, c'est de tenir compte des dimensions des terrains sur lesquels il est appelé à bâtir, de leur situation, du but qu'on se propose, des proportions qu'il convient de donner aux édifices : après avoir recueilli toutes ces données, il sera seulement en état de choisir un ordre ou un style déterminé, approprié aux circonstances. L'harmonie doit régner jusque dans les derniers détails de l'ouvrage ; l'unité de la conception doit ressortir partout. Que de maçons usurpant le nom d'architectes ! Dans leur indifférence ou leur ignorance profonde, ils commettent sans sourciller les étourderies les plus impardonnables : ils ne se bornent pas à accoupler dans un même projet des éléments de différents âges; ils ne s'inquiètent même guère si les motifs qu'ils associent présentent d'autres disparates, étant empruntés les uns à l'architecture ecclésiastique, les autres à l'architecture domestique ou au système de construction des castels féodaux. Ces bévues, cette absence totale de goût chez les « artistes d'occasion, » ont suscité des préventions contre le *gothique moderne* ; on l'a traité avec dédain, on l'a ridiculisé, on a parlé d'édifices *gothicisés*, comme on parlait déjà d'édifices *égyptianisés*, *grécisés*, *romanisés*, etc. Beaucoup de constructeurs semblent ne pas avoir saisi la moindre différence entre le plan qui convient à une maison, à une villa, et le plan d'une église. Toute leur science se résume en quelques vagues notions concernant l'ogive, les colonnettes élancées, les balustrades, les remparts à créneaux ; et de ce chaos sortent des édifices hybrides, indéfinissables, qui ne nuisent pas si l'on veut à la réputation de leurs auteurs, puisque ceux-ci n'en ont pas à perdre, mais qui, répétons-le, portent préjudice, dans l'opinion publique, au succès d'un style fécond en grandes beautés, riche en combinaisons ingénieuses et pleines de charme. Le but des *Spécimens* est de mettre un terme à ces étourderies, à ces folies ; en même temps qu'ils fourniront à l'architecte des modèles de bon aloi, ils mettront les amateurs en possession d'un critère qui les guidera dans leurs comparaisons et leurs jugements... »

Ces citations sont suffisamment explicites : inutile d'y rien ajouter. Il importe pourtant de dire que la science archéologique, bien entendue, n'a qu'à gagner elle-même à se mettre au courant de ces études techniques. La date d'un édifice est aussi bien écrite dans l'intérieur de ses murs que sur leurs surfaces. « Tant que nous n'aurons pas des plans exacts, des coupes, des élévations, le détail des moulures et des corniches, des dessins fidèles de l'ornementation de ce monument remarquable, qu'on pourra comparer avec les monuments de la même époque dont on connaît la date certaine, il sera impossible d'assigner une époque précise à Notre-Dame du Puy. » Ainsi s'exprime M. Daniel Ramée, et tous les archéologues sérieux de notre temps sont d'accord avec lui pour réclamer autre chose que des publications pittoresques, qui ne peuvent conduire qu'à la *demi-science*, c'est-à-dire à la confusion des idées.

Un mot encore sur les modèles proposés par Pugin. Bien que le nom de *romantique* ait été donné à l'architecture chrétienne, on se tromperait étrangement en ne voyant, dans cette manifestation esthétique si originale et si étrange parfois dans ses détails, qu'arbitraire et caprice de l'imagination. Jamais, au contraire, le fond et la forme, la règle étroite et l'inspiration hardie, n'ont contracté une union aussi intime que chez les grands maîtres du XIIIe siècle, en France particulièrement. Jamais art ne traduisit d'une manière plus fidèle, avec plus de netteté et de profondeur, la pensée d'une époque, les tendances caractéristiques d'une société. Comme tous les produits du génie de l'homme, le style ogival a eu ses périodes de grandeur et de décadence, il a subi des influences diverses, il s'est corrompu, il s'est renié lui-même en admettant des éléments étrangers, il a dépéri lorsque le monde moderne s'est épris tout d'un coup d'une passion rétrospective pour les débris de l'art païen ; mais il n'en a pas moins été, dans son essence, l'expression d'un système aussi régulier que l'art classique lui-même, ou plutôt il y a un classicisme gothique comme il y a un classicisme grec ; il y a des types de bon goût qu'il ne faut pas confondre avec les formes incertaines ou exagérées qui trahissent simplement l'ignorance ou l'irréflexion de quelques pâles imitateurs. Nous sommes loin de prétendre, en disant ceci, que le type de la beauté soit ici unique ; un tel exclusivisme serait absurde, en dépit de Vignole, si l'on pensait à l'appliquer rigoureusement même à l'art grec. Non ; reflets d'une même pensée, les monuments chrétiens du moyen âge se distinguent néanmoins par leur variété, et d'autant plus que l'idée chrétienne, par son caractère d'universalité, a pris racine chez les nations les plus différentes de mœurs, d'instincts, de sentiments. Ici son expression est restée plus austère ; là elle se signale par une efflorescence exubérante ; ailleurs la vie mondaine s'associe étroitement à la vie religieuse. Mais chaque peuple chrétien a eu son architecture chrétienne, et c'est partout le même principe de beauté qui revêt les formes les plus diverses et se prête à mille combinaisons caractéristiques.

Choisir avec soin les meilleures formules artistiques de la pensée chrétienne et sociale du moyen âge, les proposer aux modernes, non pour les répéter mot à mot, mais pour en tirer parti, pour avoir un point de départ, soit qu'il s'agisse de construire des temples sous l'inspiration du même souffle religieux, ou des édifices civils dans des conditions telles qu'on puisse y suivre avec fruit les traditions de l'art national, telle est, nous ne saurions trop le répéter, la pensée de l'illustre architecte anglais. C'est avec raison que l'art gothique a été remis en honneur; mais tout n'est pas à imiter, tout n'est pas légitime, tout n'est pas beau dans les œuvres des anciens artistes; ici, comme partout, le goût réclame une culture. Mais il s'agit si peu de se renfermer dans un cercle étroit, que, parmi les sujets d'étude offerts ici au public, il s'en trouve même un bon nombre qui appartiennent à la décadence de l'art. Toutes les périodes historiques doivent être connues et appréciées, afin, précisément, d'éviter le chaos et les barbarismes, mais aussi parce qu'il n'est nullement interdit à l'architecte d'essayer un plan de bon goût, même en se plaçant au point de vue d'une période de déclin, et encore parce que rien n'est plus fécond, rien n'est plus inspirateur, en architecture, que les comparaisons (1).

Ces réflexions font comprendre pourquoi, malgré les différences qui séparent, dans la série de ses transformations, l'architecture anglaise de celle du continent, nous avons été amené à croire que la publication des nouveaux *Specimens* serait accueillie favorablement du public compétent, en France et en Belgique. Le titre que nous donnons à cet ouvrage « Motifs et détails » rend notre pensée d'une manière plus explicite, ce nous semble, que le titre de l'ouvrage anglais : « Spécimens. » Nous avons tenu scrupuleusement à faire comprendre l'importance pratique des planches, importance qui d'ailleurs, encore une fois, n'ôte rien à leur intérêt historique, au contraire. Sans l'étude approfondie de chaque style pris en lui-même, l'histoire ne serait qu'une vaine énumération de faits, une classification sans fondement, toujours sujette à erreur.

Depuis trente ans, d'excellents travaux ont élucidé des questions que l'auteur du texte anglais n'a pu épuiser; nous avons essayé de combler ces lacunes et, en outre, dans la préface du second volume, de résumer les conclusions les plus saillantes des archéologues et des hommes de l'art sur la question historique et sur la question du gothique moderne. Enfin, le *glossaire* a été l'objet de soins tout particuliers : ce petit travail, indépendamment de sa valeur archéologique, offre un intérêt d'utilité directe, en ce qu'il est destiné à faire disparaître toute incertitude de terminologie, pour les lecteurs des œuvres de Pugin; nous avons eu soin, dans ce but, de noter les différences d'expressions que peuvent présenter, çà et là, les traductions de M. Delobel et les nôtres. Le présent ouvrage servira ainsi, comme on voudra l'entendre, de complément ou d'introduction aux autres.

A. L.

Liége, 1858.

---

(1) Nous croyons devoir rappeler l'attention des lecteurs, à propos du sujet esquissé ici, sur la préface du tome I des *Types*, et sur la notice détaillée que M. Delobel a consacrée à l'ensemble des œuvres de Pugin (*Ibid.* t. III).

TABLE DES PLANCHES DU PREMIER VOLUME.

REMARQUES

L'ARCHITECTURE GOTHIQUE

ET SUR

LES IMITATIONS MODERNES DE CE STYLE.

L'histoire du style communément désigné sous le nom de *gothique* nous offre un exemple extrêmement frappant des fluctuations et des revirements du goût, tant chez les artistes que dans la masse du public. Après avoir régné sans rival; après avoir obtenu, dans les principaux pays de l'Europe, la palme de la beauté et de la convenance architectoniques, et cela pendant près de quatre siècles, à partir de l'époque où la domination de l'ogive fut définitivement assurée; après avoir rempli l'Allemagne, la France, l'Angleterre, etc., d'édifices d'une légèreté et d'une sublimité d'effets dont les regards de l'homme n'avaient jamais été témoins, l'exagération même de ses qualités le compromit tout d'un coup : les raffinements du luxe et de la décoration, une profusion de détails tourmentés, fouillés en tous sens jusqu'à la bizarrerie, enlevèrent à ce style ses traits extérieurs les plus reconnaissables et le firent tomber en discrédit; on négligea les ornements légitimes de ses diverses parties; on les remplaça mal à propos par des accessoires imparfaits, empruntés à l'architecture italienne; et l'engouement qu'excita cette dernière fut si irréfléchi, ses admirateurs se rendirent si peu raison de leur enthousiasme improvisé, qu'au lieu de construire des édifices complets dans le système qu'ils voulaient mettre en vogue, ils se contentèrent de lui dérober quelques oripeaux, pour les appliquer à des constructions élevées d'après des principes radicalement différents. Rien de plus barbare qu'une telle confusion ; le contact forcé de ces deux types si disparates les dénatura l'un et l'autre : leurs caractères essentiels furent également violés. On prit aux ordres grecs leurs pilastres et leurs colonnes, mais sans en comprendre l'utilité et la raison d'être ; on leur fit remplir l'office de trumeaux, entre des fenêtres d'une ouverture démesurée, eu égard au style qu'on voulait introduire ; et, d'autre part, comme pour mettre le comble à la disconvenance, on divisa ces larges baies en nombreux petits jours, séparés par des croisillons de pierre : ce qui a lieu, par exemple, à Longleat-House, Wiltshire.

Tourelles, pinacles et parapets n'ont aucune analogie, aucun rapport avec les entablements doriques ou corinthiens ; cependant nous voyons, non pas les architectes du dernier ordre, les ignorants, mais les artistes les plus éminents de cette époque de mauvais goût, accoupler sans le moindre scrupule ces éléments hétérogènes. Il faut dire que la révolution religieuse du XVIᵉ siècle exerça une grande influence sur l'architecture et sur les arts du dessin en général.

Le triomphe des nouvelles doctrines fut partout signalé par la démolition de nombreux monastères, dont la plupart possédaient des églises, des salles, des cloîtres d'une grande magnificence ; les cathédrales et les églises paroissiales se virent aussi brutalement dépouiller de leurs statues de saints et de leurs ornements les plus précieux. La destruction de tant d'établissements considérables, où l'architecture, la sculpture et la peinture n'avaient cessé d'être chaleureusement favorisées, et qui avaient été leur dernier refuge pendant les périodes orageuses des guerres féodales, porta un coup terrible à ces arts « qui répandent sur la vie un charme particulier et contribuent à l'adoucissement des mœurs (1). » Presque toutes les

---

(1) A ces causes de la décadence de l'architecture gothique et du retour à l'imitation de l'antiquité, il faut en ajouter d'autres dont l'influence ne fut pas moindre. Dans les pays même où la réforme ne parvint pas à s'implanter, l'émancipation progressive des laïques éveilla de nouveaux besoins, et donna lieu à des constructions de tout point étrangères à la pensée sacerdotale ; la corporation des francs-maçons, dès le XVᵉ siècle, fut la première victime de l'esprit d'opposition au clergé, qui germa naturellement au sein d'une société en train de se transformer si profondément. Avec cette grande société disparurent ses traditions, dont elle avait toujours

grandes maisons construites par la noblesse anglaise, depuis la mort de Henry VIII jusqu'à restauration de Charles II, appartiennent à ce style mixte dont nous avons parlé tout-à-l'heure. On doit rapporter à Inigo Jones (1) le très-petit nombre d'exemples à citer d'ouvrages d'architecture exécutés alors en Angleterre, dans un goût purement italien. Le plus célèbre de tous est la Salle des Banquets (*Banqueting-House*), au palais de White-Hall (2). Mais c'est surtout dans les églises de cette époque que se montre la confusion des styles. On laissa dans leur place les fenêtres à ogives et à compartiments; mais on admit à côté d'elles des colonnes des *cinq ordres* et d'autres éléments d'une discordance aussi criarde. Inigo Jones lui-même défigura la première église de St.-Paul, à Londres, en emprisonnant ses vieilles murailles normandes dans un ouvrage rustique, en les décorant d'obélisques et de triglyphes doriques; en ajoutant enfin, à l'entrée occidentale du temple, un spacieux portique de colonnes corinthiennes (3). Le

---

gardé religieusement le secret; d'un autre côté, la tendance croissante à l'individualisme dut avoir pour effet de faire dépendre l'architecture, non plus « de l'inspiration élevée de l'artiste, mais du caprice plus ou moins raisonnable, plus ou moins absurde, de celui qui commande à l'artiste des œuvres de son talent. » (D. Ramée). Le luxe pénétra au foyer domestique, et la dissolution des mœurs égara l'imagination, corrompit le goût, donna lieu aux empiétements réciproques des différents arts, fit perdre de vue la véritable signification et le lien organique des formes, substitua enfin l'arbitraire et les séductions éphémères d'une vaine ornementation à tous les vrais principes, aux inspirations réglées par la raison, et dérivant des sentiments les plus nobles. Sous un autre rapport, on ne peut nier, malgré les sérieuses objections de M. Th. Hope (*Hist. de l'architecture*, 2ᵉ éd., Paris et Liége, Noblet, 1856), que le prestige de l'antiquité classique n'ait exercé une certaine influence sur les architectes, à une époque où les lettres et tous les représentants des aspirations nouvelles en étaient si fortement frappés. Quoi d'étonnant qu'ils n'aient pas tout d'abord rompu avec leurs habitudes? Les détails les ont séduits avant toute réflexion; ils se sont mis à la mode avant de se demander pourquoi. Les édifices et les livres de la Renaissance se ressemblent; les écrivains, pas plus que les architectes, ne se sont pas paganisés tout d'un coup : les arts et les lettres ont traversé une période mixte, une mer agitée où la formule du moyen-âge, semblable à un puissant navire ballotté par des vents contraires, a opposé aux éléments déchaînés une longue résistance avant de s'enfoncer définitivement dans l'abîme. *(Note du traducteur.)*

(1) Né à Londres en 1572, mort en 1652. On l'a surnommé le *Vitruve* de l'Angleterre. Il puisa des inspirations dans l'étude des œuvres de Palladio. — V. Wiebeking, *Arch. civile*, etc., t. IV, p. 130 et suivantes. *(Note du traducteur.)*

(2) Construite sous Jacques Iᵉʳ, en 1619. C'est la seule partie du palais qui ait été épargnée dans l'incendie de 1697. *(Note du traducteur.)*

(3) L'ancienne église St.-Paul, incendiée en 1666, a été décrite et gravée dans le *Monasticon Anglicanum* (par Roger Dodsworth et Guillaume Dugdale), Londres, 1655. L'architecte de la cathédrale actuelle de Londres (1674-1710) est tombé plus profondément encore dans les mêmes travers. Nous cédons la parole à un connaisseur distingué : « St.-Paul n'est, après tout, dit

« radicalisme » de la réforme religieuse, telle que la comprirent les ennemis du malheureux roi Charles Ier, détruisit un grand nombre de splendides reliques de l'architecture ecclésiastique (1). Un zèle furieux mit en pièces le trône épiscopal, les riches écrans, le tabernacle du maître-autel, dans le chœur de presque toutes les cathédrales de l'Angleterre. Lors de la restauration de la monarchie et de la hiérarchie cléricale, ces outrages furent réparés — dans le goût du jour. Colonnes et corniches corinthiennes encadrèrent les stalles des prébendiers, mais restèrent couronnées de pinacles en pyramide et de dentelures capricieuses (2).

L'affectation pédantesque de l'architecture italienne stigmatisa l'arcade

---

M. Alfred Michiels (*Souvenirs d'Angleterre*, p. 17), qu'un pastiche de St.-Pierre de Rome, ainsi que le Panthéon et l'Escurial, moins le soleil qui rayonne sur le dôme italien. Son portique se distingue par sa forme élégante, et rappelle, comme les édifices de la Renaissance, les habitudes de l'art gothique. Deux pouvoirs contraires y luttent : les souvenirs de l'imagination chrétienne et l'influence de l'art grec. Il se divise en trois parties dans le sens vertical : au milieu, deux colonnades superposées que domine un fronton; à droite et à gauche, deux clochers. Le même nombre de divisions frappe les regards dans le sens horizontal : la colonnade inférieure et le bas des tours composent un premier étage, dominé par un entablement; la seconde colonnade et la portion moyenne des tours forment un deuxième étage dessiné, comme l'autre, par un entablement; le fronton et les pyramides des clochers, celles-ci étant d'ailleurs bien plus hautes, constituent un dernier étage et un nouveau trait de ressemblance avec les portails de nos églises. Les colonnades sont placées comme les galeries du système ogival; les flèches percées de jours nombreux et environnées de clochetons, les trois statues debout au sommet et aux angles latéraux de l'amortissement central, complètent la similitude. Il n'y a pourtant pas un détail qui ne vienne de l'antiquité. Saint-Sulpice offre une disposition analogue, mais moins fidèle à l'esprit du moyen-âge. Christophe Wren ne se doutait point, selon toute vraisemblance, qu'il imitait la *barbarie* gothique : n'eût-il pas rejeté, dans l'hypothèse contraire, ces formes qui le séduisaient, et qui eussent provoqué son dédain s'il en avait aperçu l'origine? Éternel aveuglement des copistes ! Ils se figurent qu'ils ressuscitent un art détruit, que la pureté du modèle passe dans leurs ouvrages, et ils produisent des monstres sans caractère, sans valeur, sans harmonie, sans force vitale! » — V. ci-après la note consacrée à Christophe Wren, page 8.

(Note du traducteur.)

(1) On connaît le fanatisme et les singulières inconséquences des partis extrêmes de cette époque. Ils avaient combattu pour la liberté religieuse, et, comme l'a parfaitement dit M. Guizot, « leurs principes le commandaient impérieusement, car ils repoussaient tout gouvernement général et obligatoire de l'Église, et reconnaissaient à chaque congrégation isolée le droit de se gouverner elle-même. » Ils n'en excluent pas moins *de toute liberté* les catholiques, les épiscopaux et les libres penseurs. La persécution s'acharna non-seulement contre les monuments et les symboles du culte des vaincus; elle sévit sans miséricorde contre les personnes. La tyrannie et le vandalisme résument l'histoire de toutes les époques d'anarchie.

(Note du traducteur.)

(2) Wren lui-même dessina des ornements empreints de ce mauvais goût pour les cathédrales de Winchester et de Lincoln; pour rétablir une des ailes du cloître de cette dernière église, il construisit un portique en arcades à plein cintre, supportées par des colonnes de style *dorique italien*; les trois autres côtés du carré portent le caractère des monuments du règne d'Édouard Ier.

ogivale, et toutes les constructions érigées d'après ce principe, de l'épithète injurieuse de *gothique*, épithète choisie sans qu'on sût trop pourquoi, mais par laquelle on désignait ce qu'on jugeait barbare et s'écartant du dessin normal (1). Notre grand architecte national, sir Christophe Wren, partagea les préjugés de ses contemporains et donna son approbation à leurs censures ; et, en tenant compte de l'estime dont ses talents jouissaient à bon droit, on ne trouvera nullement étonnant que ses opinions aient été en grande faveur, qu'on les ait considérées comme des jugements irrévocables, qu'elles se soient transmises de bouche en bouche comme paroles d'évangile (2). Et pourtant quelle impuissance ne trahit-il

---

(1) Jean Evelyn et Christophe Wren passent pour avoir les premiers, *en Angleterre*, pris le mot *gothique* en mauvaise part. Mais depuis longtemps les Italiens appelaient *gotico tedesco* l'art monumental qui s'éloignait des formes antiques, « comme pour rejeter, dit Th. Hope, sur un peuple étranger et ultramontain, *tout l'odieux de cette barbarie.* » Historiquement, au surplus, cette désignation est inexacte, bien qu'elle ait été adoptée dès le moyen-âge, longtemps avant qu'on songeât à lui donner un caractère injurieux. Quelques vieux auteurs indiquent les édifices élevés dans les pays autrefois habités par les Goths comme ayant été construits *manu gothicâ* (a) ; au XIIe siècle, il n'y avait plus de nation gothique, mais ce mot resta dans la langue (Batissier, *Éléments d'Archéologie nationale*, p. 398, *note*). On appela *gothiques* les monuments lombards, après avoir désigné de la même manière, avec plus de raison, ceux du règne de Théodoric, roi des Ostrogoths ; puis on distingua l'*ancien gothique*, c'est-à-dire ces vieux styles lourds et massifs, du *nouveau gothique* ou style des Visigoths d'Espagne, qui, sous l'influence du voisinage des Maures et des Arabes, avaient su donner à leurs constructions un cachet de légèreté et d'élégance relatives. Les modernes ont appliqué exclusivement le terme « *gothique* » au style ogival. Ce style régnait seul en Europe à l'époque de la Renaissance ; on conçoit donc qu'il ait été l'unique point de mire des réactionnaires, et que, dans les derniers temps, ceux qui ont pris sa défense soient restés sur ce terrain. Ces mêmes raisons, et la popularité dont il jouit, nous engagent à conserver le nom vulgaire, plutôt que de dire le *style germanique*, le *style national* (expressions parfois employées en France et en Angleterre), etc. ; ce qui trancherait avec affectation le problème des origines, non encore complètement résolu ; ou le *style romantique*, le *style chrétien*, ce qui préjugerait dans un sens trop étroit la solution d'une haute question d'esthétique. — L'expression propre serait *style ogival*, puisqu'à proprement parler l'ogive ne se trouve pas chez les Goths, en dépit de certaines ressemblances accidentelles ; mais, encore une fois, l'usage général a droit à quelque respect. (*Note du traducteur.*)

(2) L'Angleterre rendit pourtant quelque estime à l'architecture gothique dès la fin du XVIIIe siècle. Francis Hirons construisit dans ce style, en 1781, l'église de Tetbury (comté de Glocester) ; on peut encore citer celles de East Norton, dans le Leicestershire (1783), de Carlton, dans le Northamptonshire (1788), de Leek Wooton, près de Warwick (1792). « Ces églises, dit Bloxam (b), attestent un louable désir de relever à son rang l'architecture ecclésiastique du moyen-âge ; mais ces premières tentatives ne furent pas heureuses. Il faut bien y signaler la maigreur des détails, l'insignifiance de l'ornementation, l'imperfection du dessin, le défaut de convenance dans la pensée et dans l'exécution. On sera toutefois indulgent si l'on tient compte des dates et si l'on n'oublie pas que la chaîne des traditions avait été rompue. »

(a) V. *Antiquités architecturales de la Normandie*, p. 70, note 2.

(b) *L'Architecture ecclésiastique du moyen âge en Angleterre*, ch. final. Nous citons l'édition allemande de cet utile ouvrage, trad. de l'anglais et annoté par M. le Dr E. Hensselmann. (Leipzig et Pesth, 1845.)

pas, quand il se vit lui-même mis en demeure d'imiter le style qu'il condamnait! Quelles tours ajouta-t-il à l'abbaye de Westminster? De maladroites copies de la cathédrale de Beverley, écrasées par des corniches, surchargées de divers autres éléments empruntés à l'architecture romaine! La tour octogone dont il surmonta la principale porte de l'église du Christ, à Oxford (1), et quelques-unes des églises qu'il restaura ou qu'il rebâtit à Londres, affichent la prétention d'imiter le style gothique. Nous posons en fait que pas un architecte vivant, de quelque renom, ne voudrait risquer son crédit en signant des plans d'un dessin aussi pauvre et aussi imparfait (2). Depuis ce temps jusqu'au règne de Georges III, l'archi-

---

(1) V. Wiebeking, *Architecture civile*, Munich, 1829, in-4°, t. IV, pl. XXXII, p. 125.

(*Note du traducteur.*

(2) Christophe Wren, né en 1632 à East-Knoyle (Wiltshire) et mort en 1723, a été longtemps considéré comme le plus grand architecte qu'ait produit l'Angleterre. Il avait certainement du talent, et les circonstances le servirent à souhait : après le grand embrasement de Londres (1666), il fut à lui seul chargé de rebâtir cinquante-trois églises : on lui doit aussi le *Monument*, superbe colonne dorique cannelée de 202 pieds de hauteur totale; l'hôtel de la *Douane* (deux fois incendié depuis, en 1715 et en 1814); les hôpitaux de *Chelsea* et de *Greenwich* (ce dernier est sans contredit l'un de ses plus beaux ouvrages); la *bibliothèque* et le *théâtre d'Oxford*, le palais de *Winchester*, et enfin une partie du palais de *Hampton-Court*. Aucun honneur ne lui manqua : en 1678, il fut créé chevalier; en 1680, président de la *Société royale de Londres*. Il fut réellement le chef de la nouvelle école, sémi-classique, dont *Hans Holbein* le jeune dès le XVIᵉ siècle, *Inigo Jones* et *Web* avaient successivement préparé l'avénement. Il laissa de nombreux élèves, parmi lesquels *Nicolas Hawksmoor*, aussi architecte de plusieurs églises de la métropole. La construction de *St.-Paul* mit le comble à sa célébrité; l'église de *St.-Étienne*, Walbrook, est toutefois considérée comme son chef-d'œuvre. Enthousiaste de la réforme de Vignole, supérieur à ses prédécesseurs, il ne sut pourtant pas conserver à l'imitation de l'antique ce je ne sais quoi, cette richesse et cette grâce qu'on peut trouver encore dans les monuments d'Italie : la grandeur de St.-Paul est sèche et triste, comme l'a dit si bien M. C. Robert. Il y a là de la science, mais de la science géométrique seulement: l'art n'est plus l'expression d'une pensée profonde; l'édifice n'est plus qu'une maçonnerie habile, mais banale et monotone. En entrant dans la cour du palais de Henri VIII, avant d'avoir pénétré jusqu'à la seconde enceinte où brille un gothique pompeux du genre vénitien, M. Alf. Michiels ne peut se contenir : l'œuvre de C. Wren l'ennuie et l'irrite. « La belle vue, la séduisante perspective qu'une large façade plate comme un damier, sans les accidents de lumière qui donnent tant de richesse aux portails de nos vieilles églises, aux frontispices de nos vieux hôtels! L'intéressant objet d'admiration et d'étude que ces fenêtres carrées, ces pilastres invariables, ces chapiteaux uniformes, ces éternelles corniches, ces lignes raides, monotones, plus froides que les terres du Nord où la mode les a transportées! Fiers donjons, gracieuses chapelles, cathédrales splendides, vous nous offrez d'autres tableaux, vous parlez au cœur un autre langage! » — La superposition des divers ordres d'architecture gréco-romaine, la simplicité des lignes, l'absence même de tout encadrement aux fenêtres, l'uniformité et l'affectation de la symétrie, tels sont les principaux caractères extérieurs que revêtit en Angleterre cette architecture hybride dans l'origine, puis décidément pastiche de l'antique. C'est contre les tendances de l'école de Christophe Wren, en particulier, que l'illustre

tecture italienne maintint sa vogue incontestée : tout ce qu'on appelait *gothique* resta proscrit et négligé. Il serait très-intéressant d'étudier comment le goût s'épura peu à peu de nos jours, comment on renonça aux vues exclusives des architectes de l'ère de transition ; mais ces recherches ne seraient fructueuses qu'à condition d'être détaillées, et l'espace dont nous disposons ne nous permet pas de les aborder. Le présent ouvrage est d'ailleurs destiné à venir directement en aide aux imitateurs du style gothique, plutôt qu'à passer en revue toutes les phases de l'histoire de cette architecture.

Nous venons de voir que, jusqu'au règne de Georges III, l'étude critique des anciens monuments nationaux parut complètement abandonnée en Angleterre : cependant quelques essais imparfaits d'imitation avaient été tentés, et pouvaient passer pour une dernière marque de faveur accordée au style autrefois dominant. Mais les fautes évidentes commises par sir Christophe Wren lui-même, dans tous les dessins auxquels il essaya de donner ce caractère, durent tout naturellement détourner les architectes ordinaires de s'aventurer dans une voie où trébuchait à chaque pas un homme de ce mérite. Lui-même doit avoir été frappé de l'infériorité de ses compositions à l'égard de leurs modèles, et ce n'est que rarement qu'il osa s'exercer dans ce genre. Cependant, avec le temps, on se trouva plus d'une fois mis en demeure de restaurer ou de compléter d'anciennes constructions, et alors il fallut bien modifier jusqu'à un certain point le nouveau style, pour éviter des discordances désagréables : trop souvent Wren lui-même montra peu de scrupules sous ce rapport ; mais enfin il ne fut pas toujours possible d'éviter les concessions. Le cas se présenta au Collège des Ames *(All Souls)*, à Oxford, où la bibliothèque et d'autres bâtiments modernes forment un carré avec une chapelle et une salle remontant au temps du fondateur, l'archevêque Chichely, qui vivait sous Henry VI. La bibliothèque fut commencée en 1716. Son architecture, à l'extérieur, offre quelque analogie avec celle de la chapelle. Le côté Est

famille des Pugin, au nom de l'idée catholique, organisa la vigoureuse croisade qui eut pour résultat une réaction intelligente et généreuse en faveur de l'art gothique. On peut consulter, sur la vie et les travaux de Chr. Wren, la notice publiée par James Elme, architecte anglais, en 1823, in-4°; l'*Histoire des Architectes*, par M. Quatremère de Quincy, t. II, et le *Dictionnaire d'architecture*, du même auteur. (*Note du traducteur.*)

du *square*, distingué par deux grandes tours, fut aussi rendu *gothique* autant que l'exigeait l'aspect général de la cour intérieure, c'est-à-dire mis en rapport avec le cloître et la grande porte percée dans la façade. Lord Orford a fait remarquer, avec la finesse qui caractérise ses appréciations, qu'on peut trouver ce carré d'un effet pittoresque dans sa confusion, et qu'on ne saurait dire qu'il soit dépourvu de grandeur (1); mais, prises isolément, les différentes parties de la reconstruction sont d'une exécution misérable (2). Nicolas Hawksmoor, élève de Wren et son collaborateur dans plusieurs de ses principaux travaux, fut le constructeur de ces édifices; il fut aidé d'ailleurs, dans la composition des plans et des dessins, par le Dr Georges Clarke, membre du collége. En résumé, les bâtiments du *Collége des Ames* se rangent dans la catégorie des premiers essais d'imitation du style gothique entrepris sur une vaste échelle : essais dont les inexactitudes contribuèrent à provoquer l'étude approfondie des anciens modèles, et par là même une renaissance de leur style compris dans sa pureté et dans sa perfection. Le mouvement ne s'arrêta pas : à la longue, on finit par s'apercevoir que l'architecture italienne ne pouvait convenir ni aux écrans du chœur, ni aux trônes épiscopaux de nos cathédrales; on reconnut qu'un parti pris avait seul pu faire tolérer un genre d'ornementation si déplacé.

Dans le chœur de la cathédrale d'York s'étalait un trône archiépiscopal d'une inconvenance de dessin sans égale, occupant la place de l'ancien siége renversé par les presbytériens; on l'enleva en 1740, pour le remplacer par un meuble muni d'un pupitre et d'autres accessoires, imitation évidente des stalles d'autrefois (3).

---

(1) *Anecdotes of painting*, etc. — Les constructions dont il s'agit sont attribuées, dans cet ouvrage, à l'architecte Gibbs, erreur corrigée d'ailleurs plus loin, dans une note. Il ne fallut pas moins de quarante ans pour compléter le carré.

(2) Sur les bâtiments anciens du *Collége des Ames*, V. les *Types d'architecture gothique* (Paris et Liége, Noblet), t. I, pl. 10-13, et pag. 20-22 du texte, trad. par M. le colonel Delobel.

(Note du traducteur.)

(3) Il est très-probable que Kent, qui fut consulté par lord Burlington sur le dessin du carrelage varié (a) de la cathédrale d'York (1736), le fut également sur le dessin des divers objets placés dans le chœur. Bien que ses connaissances en architecture *gothique* fussent à peu près nulles, Kent était doué de capacités peu ordinaires, et d'une facilité qui ne reculait devant aucun genre de dessin. Le goût raffiné de Pope lui suggéra l'idée d'un nouveau style de payage à ornements, dont il exécuta le premier spécimen.

(a) D'immenses contours à la manière des dessins étrusques, exécutés au moyen d'anciennes pièces de marbre poli taillées en bandes étroites. La tombe de l'archevêque Bowett fut littéralement découpée de la sorte, ainsi que plusieurs autres monuments, pour servir à la réalisation de cette idée nouvelle !

Vers le même temps, un écran de pierre fut construit à l'entrée du chœur de la cathédrale de Beverley, dans un style qui rappelle le XVe siècle (1). La Cour de Chancellerie et celle du Banc du Roi *(Curia regis domini)* sont séparées de la grande salle de Westminster *(Westminster hall)*, dont elles occupent le fond, par des écrans dessinés par Kent sous le règne de Georges II (2). Tous ces ouvrages laissent beaucoup à désirer quant à la fidélité des détails et ne méritent guère d'être mentionnés, si ce n'est précisément en ce qu'ils attestent chez leurs auteurs l'absence du sentiment des convenances artistiques. En présence des progrès du goût dans les dernières années, si un artiste s'avisait aujourd'hui de commettre de pareils barbarismes, le ridicule et le dédain l'atteindraient à bon droit; mais n'oublions pas que quand Hawksmoor et Kent se trompèrent ainsi, l'architecture italienne passait depuis si longtemps pour la seule qui méritât d'être étudiée scientifiquement, que les beautés du style qu'elle avait supplanté chez nous étaient généralement tombées dans l'oubli. Les dates de plusieurs cathédrales et d'autres édifices importants se trouvaient sans doute enregistrées dans l'histoire; mais l'histoire se bornait à ces chiffres; à peine abordait-elle quelques détails spéciaux. On n'ignora jamais tout-à-fait que les arcades à plein cintre et les piliers massifs de la cathédrale de Durham, appartenaient à un âge plus reculé que les ogives et les fûts élancés de celle de Salisbury; mais on en vint à confondre si complètement entre eux les styles des XIIIe, XIVe et XVe siècles, que les antiquaires le plus profondément versés dans la connaissance des annales du pays commirent

---

(1) La date de cette construction ne se trouve pas dans les documents publiés sur Beverley; mais nous sommes fondés à l'indiquer approximativement comme ci-dessus. La main-d'œuvre est excellente; le dessin très-ingénieux, bien qu'attestant l'ignorance où était l'artiste des détails propres au sujet traité. C'est probablement un ouvrage de Kent.

(2) On les a récemment enlevés; les Cours siègent dans des locaux situés à l'ouest de la grande salle, et construits d'après les excellents dessins de M. Soane. Nous apprenons avec un vif plaisir que la noble enceinte va être dégagée des prétendus embellissements qu'on lui avait fait subir et des ornements barbares dont elle était surchargée; qu'elle retrouvera, en un mot, la pureté et la splendeur de son architecture primitive (a).

(a) Après l'incendie des deux Chambres du Parlement, le 16 octobre 1834, la législature décréta la reconstruction de ces vastes édifices, sur une plus grande échelle. *Westminster hall* avait été épargné par le feu; on l'a religieusement conservé tel qu'il était, mais en faisant disparaître tous les anachronismes de style. Un même palais renferme aujourd'hui la grande salle, les Cours de la loi et les deux Chambres. L'architecte, M. Barry, a doté son pays d'un monument véritablement digne d'une grande nation.   *(Note du traducteur.)*

les bévues les plus grossières, lorsqu'ils essayèrent de décrire les édifices de ces époques. Nous citerons, entre autres, Browne Willis (1). Sir Christophe Wren, chargé de rédiger, comme étude préparatoire à des travaux de restauration, une description de la cathédrale de Salisbury, formula des théories d'une étrangeté et d'une inconsistance sans égales, sur le style adopté dans la construction de ce temple (2). Et celui qui commettait de telles bévues n'avait pas en Angleterre de rival dans sa profession; il était sérieusement érudit, il conversait tous les jours avec des savants de premier ordre, dans les cercles les plus distingués! Mais il est inutile d'insister sur des erreurs déjà signalées. Les successeurs immédiats de Wren ne furent guère plus heureux que lui dans cette voie; d'ailleurs, quelque fertilité d'imagination qu'on puisse supposer aux artistes d'alors, il leur eût été impossible d'effacer le contraste choquant des formes à la mode avec les traits caractéristiques des monuments du moyen-âge; ils n'étaient pas parvenus au point de pouvoir compléter dignement ces derniers, si ce n'est par une reproduction exacte et servile de quelques-unes de leurs parties.

Le génie ardent et pénétrant de l'honorable *Horace Walpole* se passionna pour les beautés de l'architecture gothique. Il serait injuste de passer sous silence les services rendus par cet homme distingué à la cause du bon goût, depuis si longtemps compromise. Ses prédilections devinrent insensiblement celles de ses contemporains, surtout dans les classes élevées de la société; cette influence s'exerça par ses écrits d'une part, et, de l'autre, par la construction de sa célèbre villa de Strawberry-Hill. Les impressions de la jeunesse furent ici pour quelque chose. Il avait commencé ses études à Éton, il les avait poursuivies au Collége du Roi *(King's College)*, à Cambridge. Dans ces deux villes, il avait été le compagnon inséparable du poëte Gray : on comprend que l'un et l'autre se soient laissés captiver par les chefs-d'œuvre qu'ils avaient tous les jours sous les yeux, et ainsi s'explique leur préférence pour le style fleuri de l'architecture ecclésiastique. Les vers de Walpole à la mémoire du roi Henry VI, écrits à Cambridge en 1738, expriment

---

(1) V. Ses *Histoires* de Lincoln, d'York et d'autres cathédrales, 1729, in-4°, etc.
(2) « *Parentalia.* » Ces théories furent réfutées, d'abord par Bentham, dans son *History of Ely*, et ensuite, plus complètement, par le D⁣ʳ Milner, dans son *Traité de l'architecture du moyen-âge*, 1811, in-8°.

l'admiration que lui inspire la sublime chapelle de *King's College* (1).
Strawberry-Hill fut l'objet d'enthousiasmes incroyables pendant plusieurs
années : cependant, à tout prendre, c'est un salmigondis d'inconséquences
architecturales, un véritable joujou, en un mot. L'ancien manoir fut acquis
en 1748; on commença, peu de temps après, à le charger d'embellissements
gothiques. A plusieurs reprises, de nouvelles salles furent ajoutées aux
anciens bâtiments; ces travaux se prolongèrent jusqu'en 1776 (2). Au
moment de se mettre à l'œuvre, Horace Walpole visita un grand nombre
d'anciens châteaux et de maisons de campagne; ses lettres de 1752 et
de 1753 contiennent quelques belles pages descriptives, fruit de ses observations (3). Dans la préface de sa « *Description de Strawberry-Hill,* » volume
imprimé en 1774 dans son château même, où il avait établi une presse
à son usage, après avoir déclaré que « cet ouvrage n'avait été destiné,
dans l'origine, qu'à servir de guide aux visiteurs (4), » il ajoute: « Ultérieu-

---

(1) Le passage suivant, extrait de ce morceau, révèle de la manière la plus frappante le
goût de ce temps, où un *jeune écrivain* se croyait obligé de justifier la *violation des règles* de
l'architecture italienne, dans les proportions de la chapelle de *King's College* :
« Quand Henry décréta l'érection de ce temple pompeux, l'art n'avait pas encore essayé de
» reproduire dans ses œuvres la grandeur de la voûte céleste; Palladio, encore inconnu dans
» notre île, n'avait pas encore enseigné sa théorie aux architectes vandales; ces piliers révélèrent
» des merveilles étrangères à toute règle; l'inspiration seule fit élever ces murs, etc. »
L'ode de Gray sur une « vue perspective du Collège d'Éton » fut écrite en 1742.
(2) Horace Walpole profita, pour les dessins de Strawberry-Hill, de la collaboration de Richard
Bentley, le fils du célèbre philologue et critique de ce nom. John Chute, Esq., fut également
consulté : les goûts de ce gentilhomme ressemblaient à ceux d'Horace, et il avait lui-même orné
sa résidence de la Vigne, dans le Hampshire, de divers détails d'une architecture élégante. Il est
extrèmement probable, enfin, que le style d'une maison construite au vieux Windsor, vers le
même temps, par Richard Bateman, Esq., donna l'idée des curieuses dispositions adoptées à
Strawberry-Hill. Horace Walpole venait de passer un été à Windsor, au moment où il fit
l'acquisition de son domaine. La maison de M. Bateman avait la prétention de ressembler à un
monastère; elle a été occupée, dans ces derniers temps, par la douairière lady Onslow. Après
la mort de M. Bateman, une partie de ses meubles antiques, objets divers, etc., furent recherchés
avec ardeur et achetés pour orner l'intérieur de Strawberry-Hill.
(3) M. P. Cunningham publie en ce moment (1858) à Londres, en 9 vol. in-8°, une nouvelle
édition complète et très-soignée des lettres d'Horace Walpole, rangées pour la première fois dans
l'ordre chronologique. (*Note du traducteur.*)
(4) L'énumération des peintures, sculptures, antiquités de tout genre, etc., provenant des
principaux cabinets de l'Europe et réunies à Strawberry-Hill, n'occupe pas moins de 130 p. in-4°.
Les spécimens de l'art du moyen-âge y sont assez nombreux; les fenêtres de tous les appartements sont en verres peints; les livres de la bibliothèque sont rangés sous des arcades
gothiques, etc. On visite encore aujourd'hui, avec un vif intérêt, cette riche collection. Strawberry-
Hill est situé près de Twickenham, dans le comté de Middlesex, sur une éminence qui domine
la Tamise, à 12 milles de Londres. (*Note du traducteur.*)

rement, on se proposa en outre de mettre à la disposition du public, en les réunissant dans cette collection, divers spécimens d'architecture gothique, choisis parmi les modèles que nous présentent les cathédrales et les tombeaux des chapelles, et d'en provoquer l'imitation ou l'application aux manteaux de cheminées, aux plafonds, aux fenêtres, aux balustrades, aux niches, etc. » Et plus loin : « Je n'ai pas voulu rendre ma maison gothique, au point de me gêner et d'en exclure les raffinements modernes du luxe. A l'intérieur comme à l'extérieur, le dessin est sévèrement ancien, mais la décoration est moderne ; ce mélange a été très-bien caractérisé par Pope en quelques mots :

« Un Vatican gothique de la Grèce et de Rome..... » (1).

Les « Observations sur la *Reine des Fées*, de Spencer, » publiées en 1762 par le Rév. Thomas Warton, contiennent un court *Essai* sur l'ancienne architecture de l'Angleterre. On y trouve un tableau chronologique des différents styles, meilleur que ceux qui avaient été proposés jusqu'alors ; cependant l'autorité de sir Christophe Wren a induit plusieurs fois l'écrivain en erreur. Les études favorites de M. Warton l'avaient rendu familier avec un grand nombre de curieuses descriptions de monuments disséminées dans les écrits de Langland, de Chaucer, de Lydgate et d'autres vieux poëtes ; son grand ouvrage « l'*Histoire de la poésie anglaise*, » dont le premier volume vit le jour en 1774, renferme plus d'une note importante au sujet de ces passages (2). Les progrès réalisés par M. Warton se réduisent cependant à peu de chose, si on les compare aux résultats obtenus par

(1) Peu d'hommes ont eu à essuyer des critiques aussi sévères, et ont été aussi diversement appréciés, qu'Horace Walpole. Nous n'avons à nous occuper de lui que pour relever l'importance des services qu'il rendit à la renaissance de l'art gothique ; mais, sous ce rapport, il a droit à une grande reconnaissance. Ses *Lettres*, et maints passages des *Anecdotes of Painting*, aidèrent sérieusement à l'épuration du goût populaire, perverti jusqu'à la pédanterie et dominé par une partialité aveugle et tout-à-fait exclusive en faveur de certaines règles particulières. Les pastiches de Strawberry-Hill méritent difficilement de passer pour de l'architecture ; mais il eut la franchise de reconnaître les défauts de son œuvre ; il fut assez généreux pour accorder des éloges sans réserve à de plus heureux efforts, lorsque l'architecture gothique commença d'être mieux comprise.

(2) En 1760, M. Warton publia, sous le voile de l'anonyme, une « Description de la Cité, du Collége et de la Cathédrale de Winchester, » in-12. Les erreurs dont fourmille cet ouvrage, chaque fois qu'il y est question de fixer la date de l'une ou de l'autre partie de la Cathédrale, sont tellement manifestes, que l'auteur ne peut passer pour avoir, dès cette époque, accordé une attention sérieuse à l'architecture gothique ; au contraire, les essais mentionnés ci-dessus, dans le texte, attestent une connaissance raisonnée de cet art et des études critiques relativement approfondies. — Les méprises de M. Warton sont signalées et corrigées dans l'*Histoire de Winchester*, par M. Milner, 2 vol. in-4°.

le *Rév. James Bentham*, auteur de l'*Histoire de la Cathédrale d'Ély* (1771). Aucune publication n'avait encore témoigné d'une si profonde connaissance de l'architecture gothique. La cathédrale d'Ély, dont M. Bentham était bénéficier, lui fournit des exemples de presque tous les styles, depuis l'ère saxonne jusqu'à l'époque de la Réformation. Il étudie soigneusement l'ornementation propre à chacun d'eux, et les nombreuses citations qu'il emprunte aux vieux auteurs attestent sa diligence en fait de recherches historiques. Il hasarda, pour la première fois (1), une opinion sur l'origine de l'*ogive*, ce trait essentiel et caractéristique de tous les monuments gothiques, cette base, pour mieux dire, de leur style tout entier. Il fait dériver cet arc de l'intersection des demi-cercles, et justifie son allégation par des exemples empruntés aux édifices construits vers l'époque de la conquête normande. Cette opinion trouva nombre de contradicteurs, mais les polémiques auxquelles elle donna lieu semblent avoir eu précisément pour effet de lui rallier beaucoup d'hommes de l'art; toutefois, les écrivains théoriciens sont portés à chercher dans un domaine plus élevé l'explication des origines du gothique (2).

La préface des « *Antiquités de l'Angleterre et du pays de Galles*, » par le capitaine Grose, parut peu de temps après l'*Histoire d'Ély*, de Bentham. Aux remarques présentées dans ce dernier ouvrage, elle ajouta plusieurs observations qui ne furent pas sans utilité, entre autres sur les rapports des édifices anglais avec ceux d'autres contrées : toutefois, l'auteur n'osa s'aventurer à mettre en discussion les inconséquentes théories de sir Christophe Wren. Grose puisa librement dans les écrits de Warton et de Bentham; il mit également à profit les observations ingénieuses insérées par l'évêque Warburton dans ses notes sur les épîtres de Pope.

L'ouvrage du Dr Milner, « *Histoire et description des antiquités de Winchester*, » 2 vol. in-4°, 1798, fit faire un grand pas aux études sur l'architecture anglaise du moyen-âge. L'église de l'hôpital de la Ste-Croix, située près de cette ville, avait déjà été signalée par Bentham, à cause des

---

(1) M. D. Ramée, *Histoire de l'architecture*, t. II, p. 239 et suiv., cite plusieurs auteurs plus anciens qui se sont occupés de l'origine de l'ogive. *(Note du traducteur.)*

(2) Ramée, *l. c. — Antiq. archit. de la Normandie*, p. 18. — Hope, *ouv. cité*, p. 235 et suiv.
(Note du traducteur.)

curieux mélanges de pleins cintres et d'ogives que présente sa construction : l'historien de Winchester adopta, sur l'origine des arcs à ogive, le système de cet écrivain, et le fortifia par des preuves et des observations nouvelles (1). Ses descriptions de la cathédrale, du collége et des autres édifices de Winchester, débrouillèrent le chaos des appréciations hasardées par les écrivains précédents, et répandirent de saines notions sur l'architecture gothique et sur ses principales altérations.

Tandis que les lettrés s'efforçaient ainsi de jeter la lumière sur les différentes périodes de l'histoire monumentale, les artistes, les hommes pratiques devenaient capables de discerner les modèles à imiter dans chaque style ; en étudiant, en comparant des spécimens de tous les âges, on comprit quelles alliances monstrueuses l'ignorance avait autorisées, on constata l'inconvenance de tout assemblage de formes appartenant à plusieurs époques. M. James Essex fut le premier architecte de profession dont les œuvres attestèrent la correction du goût, dans l'imitation de l'ancienne architecture anglaise. Il naquit à Cambridge en 1723, et fut élevé à *King's College*. On peut croire aussi de lui que la contemplation assidue de la magnifique chapelle de cet établissement détermina son goût pour le genre d'architecture qui s'y révèle sous des formes si enchanteresses. L'historien d'Ély l'employa, dès 1757, à tracer des dessins d'architecture ; il conserva dans la suite des relations d'amitié avec M. Bentham, et l'on ne peut douter qu'elles ne lui fournirent l'occasion d'étendre ses connaissances dans

---

(1) Th. Hope, à ce propos, range le Dr Milner dans la catégorie de ces écrivains « peu versés dans l'architecture, qui se sont contentés d'un coup d'œil superficiel jeté sur les formes extérieures. » Il s'agit toujours de l'opinion qui consiste à expliquer l'ogive par l'intersection d'arcs circulaires. « Le Dr Milner a été si loin, ajoute-t-il, qu'il a présenté, comme prototype de l'ogive et des variations ultérieures de ce système dans tous les pays du monde chrétien, un rang d'arcades semblables, alternativement fausses et réelles, qui se trouvent dans la petite église de Ste-Croix, près Winchester ; bâtie par Henri de Blois, frère du roi Étienne, de 1132 à 1136. Il a oublié que, dans l'exemple qu'il cite, le seul peut-être de cette espèce, celles des arcades alternatives qui sont réellement percées paraissent ne l'avoir été qu'après coup, pour éclairer un édifice déjà construit, et ne peuvent en aucun cas être prises pour le premier modèle d'un nouveau style universellement adopté plus tard. » Wiebeking a soutenu l'opinion de Milner, en affirmant, de plus, que l'évêque Henri de Blois aurait importé l'ogive de France. Passavant dit précisément le contraire : l'ogive aurait été implantée sur le continent, par des corporations d'architectes anglais, dès le Xe siècle. Ces débats seront stériles tant qu'on persistera à confondre les formes décoratives, tout extérieures et donnant lieu à des combinaisons accidentelles, avec les éléments essentiels d'un style. Nous nous rallions sans réserve à l'avis de Th. Hope, tout en regardant comme un peu trop sévère son jugement sur le Dr Milner.　　　　　　　(*Note du traducteur.*)

l'histoire de cet art. M. Essex fréquenta aussi le poëte Gray, Gough, Tyson, Cole de Milton, Horace Walpole et d'autres antiquaires : sa modestie et son aimable caractère ne lui acquirent pas moins d'estime que ses talents. On ne lui doit qu'un petit nombre de constructions en style gothique. Le chœur de la cathédrale d'Ély fut modifié, sous sa direction, en 1770 ; les réparations considérables qu'il entreprit pour cette église lui prirent environ vingt années. Il fut ensuite chargé de restaurer la cathédrale de Lincoln ; il y exécuta divers travaux importants, entre autres un autel en pierre (1). Il répara la chapelle de *King's College*, et dessina les écrans de pierre placés au niveau de l'autel, mais qu'on a reculés plus tard jusqu'à l'extrémité Est du chœur, afin de gagner de la place. L'élégante croix érigée à Ampthill, en mémoire d'un séjour de la reine Catherine d'Aragon, fut taillée d'après les dessins d'Essex ; enfin on peut citer de lui des améliorations exécutées à Madingly, ancien manoir du comté de Cambridge, des dessins pour fenêtres, et quelques autres ouvrages d'un intérêt secondaire.

La mort venait à peine d'arrêter M. Essex au milieu de ses travaux, quand apparut en Angleterre un nouveau maître de l'art gothique moderne, qui, à son tour, ne devait pas tarder à « éclipser toutes les réputations précédemment acquises. » M. James Wyatt était depuis longtemps placé, dans l'opinion publique, parmi les meilleurs architectes de l'Angleterre, à cause de sa profonde connaissance de l'architecture grecque. Une circonstance particulière révéla en lui d'autres mérites. Thomas Barrett, Esq., le consulta en 1782 sur la reconstruction de sa résidence de Lee, près Cantorbéry. « Wyatt, dit Walpole, dessina divers plans, les uns grecs, les autres gothiques. Un projet gothique obtint la préférence ; cette œuvre d'imitation fit dès son achèvement l'admiration des connaisseurs, et donna une célébrité nouvelle à son auteur. Elle mérite une attention particulière, comme ayant été le premier essai de M. Wyatt en vieux style anglais ; hâtons-nous toutefois d'ajouter qu'il produisit plus tard, en ce genre, des œuvres

---

(1) La forme générale de cet autel semble être une réminiscence amplifiée et modifiée du monument de l'évêque W. de Luda, dans la cathédrale d'Ély. C'est un travail honnête et sage, mais ni assez large ni assez somptueux pour occuper dignement sa place dans une église d'une si grande magnificence. M. Essex ne sera pas dépassé, dans ses œuvres *gothiques*, en ce sens que personne ne se conformera davantage aux anciens modèles ; mais elles laissent à désirer quant à la hardiesse et à l'*esprit* du dessin ; plusieurs de ses constructions, enfin, pèchent par la maigreur des détails.

plus somptueuses et plus accomplies. M. Barrett était un homme de goût; il avait des instincts d'élégance et des connaissances artistiques : il veilla non-seulement avec le plus grand soin à la correction de son nouveau château, mais encore il consulta plusieurs amis, et en particulier Horace Walpole. L'approbation de ce dernier s'exprima par ces paroles aussi enthousiastes que judicieuses : « Autrefois la maison de Lee n'offrait aucune espèce d'intérêt ; le savoir et le talent de M. Wyatt l'ont transformée : la disposition des appartements est admirable ; la bibliothèque est de toute beauté ; c'est un morceau accompli du style gothique le plus parfait. Les trois façades de la maison font penser à un petit monastère qu'on n'aurait pas voulu démolir, mais qui aurait été modernisé en partie pour servir de séjour à la famille d'un gentleman (1). » Dans les dernières éditions des « Anecdotes of Painting, » Walpole ne perd pas une occasion de relever le mérite du premier essai de M. Wyatt. « Chez M. Barrett, à Lee, lez-Cantorbéry, M. Wyatt a imité les modèles gothiques avec la fidélité d'un disciple, et néanmoins son génie inventif ne lui a pas fait défaut. La petite bibliothèque fait tout l'effet du cabinet d'étude d'un abbé, si ce n'est qu'elle révèle un meilleur goût (2). » Strawberry-Hill n'est pas à comparer à Lee ; mais personne ne s'empressa de reconnaître cette infériorité plus franchement que le propriétaire même du premier de ces deux châteaux, cet homme de goût dont les conseils contribuèrent, ne l'oublions pas, à donner à Lee une si haute perfection (3). Nous ne nous engagerons pas dans une description complète

---

(1) Ces lignes se trouvent dans Hasted, *Histoire de Kent*, vol. III ; elles ont passé de là dans d'autres ouvrages. L'auteur du *Décaméron bibliographique*, le Rév. T. F. Dibdin, nous apprend que c'est un passage écrit par lord Orford lui-même, et « qu'il aurait paru encore plus flatteur pour l'artiste, si l'historien n'avait pas cru devoir le modifier et le raccourcir un peu, afin de l'enchâsser dans son texte. » *Décaméron*, vol. III, p. 457, note.

(2) *OEuvres de lord Orford*, t. III, p. 433, in-4°. Dans une lettre insérée au t. VIII des *Anecdotes littéraires* de Nichols, H. Walpole s'exprime comme suit : « J'ai vu, revu et examiné encore, les plans de M. Barrett, et je ne saurais trop les approuver. Les parties gothiques de l'édifice sont classiques ; vous devez considérer l'ensemble comme du gothique modernisé à certains endroits, c'est-à-dire prendre le contrepied de ce qui est en effet. Si M. Wyatt continue à bâtir dans ce style, il finira par y déployer plus de goût et d'imagination qu'il n'en a montré en employant le style grec. » (La lettre citée date de 1782. La restauration dont il y est question fut commencée l'année suivante.)

(3) Dans la *Correspondance de lord Orford*, vol. V de ses *OEuvres*, p. 668, on lira une lettre de 1788, adressée à Thomas Barrett, Esq., où, après avoir signalé les défauts de Strawberry-Hill, l'honorable écrivain ajoute : « Ma maison n'est qu'un essai tenté par des commençants ; la vôtre a été achevée par un grand maître. »

de Lee ; nous renverrons simplement le lecteur aux ouvrages cités en note. Une seule circonstance mérite d'attirer l'attention de tout amateur de notre vieille architecture : nous voulons parler de l'idée même qui a déterminé le style de l'édifice, en ce sens qu'il porte essentiellement le caractère d'une construction ancienne, « d'un petit monastère, — qui aurait été modernisé en partie, pour servir de séjour à la famille d'un gentleman (1). » Le site s'harmonise très-bien avec cette apparence de retraite claustrale (2); mais les besoins de la civilisation moderne exigèrent impérieusement que l'architecte prît quelques libertés à l'égard des anciennes formes, surtout dans les fenêtres, de la forme desquelles dépend pourtant, en grande partie, la beauté des édifices gothiques (3). Les travaux exécutés dans la

---

(1) Strawberry-Hill laissait à désirer sous ce rapport; on retrouve ici le style d'un castel, plus loin celui d'un couvent. — Sur Lee, v. Hasted, *Histoire de Kent*, vol. III, p. 665; *Beautés de l'Angleterre*, vol. VIII, p. 1092; Angus, *Maisons de Campagne* (Views of Seats), 1787, avec une planche nettement dessinée, etc. — Le *Décaméron bibliographique*, vol. III, p. 457, contient une description de Lee, avec une vignette.

(2) Th. Hope trouverait sans doute quelque chose à redire dans cette construction rappelant les mœurs d'un autre âge, plutôt que sa véritable destination. Partisan de la renaissance de l'art gothique, nous ne pouvons cependant croire que cette renaissance doive aboutir à un système de pastiches sans sérieuse raison d'être. L'abus du style gothique appliqué aux demeures privées n'est pas plus justifiable que l'abus du style grec. Nous reproduisons volontiers un passage de l'historien cité :

« Quelques-uns ont tenté de faire revivre le vrai style antique, le style classique; mais comme les édifices publics, échappés seuls au naufrage des siècles, étaient aussi les seuls qui pussent leur donner quelque idée de sa nature, il se sont bâti des maisons sur le patron des anciens temples, et ils ne sont ainsi parvenus à grands frais qu'à se loger de la manière la plus disgracieuse et la plus incommode.

» D'autres sont revenus au style ogival comme à une création plus nationale, plus indigène; mais il reste en Angleterre bien peu de maisons particulières qui puissent servir de modèles en ce genre; il a fallu recourir aux édifices religieux, et la seule différence entre ces imitateurs et les autres, c'est que ceux-ci se logent dans un temple et ceux-là dans une église.

» Il en est qui, dans notre siècle de paix profonde, ou au moins de sécurité et de civilisation intérieure, se sont avisés d'élever des châteaux fortifiés et crénelés, comme s'ils allaient soutenir un siège.

» Ceux-ci ont cherché leurs modèles parmi les Égyptiens, les Chinois ou les Mores, etc.... »

M. Hope appelle de tous ses vœux une architecture nationale; celle-ci ne se lève pas à sa voix, mais on ne saurait contester que le progrès des arts dépend d'une profonde connaissance des besoins de l'époque plutôt que de l'habileté à reproduire des types conventionnels, dans le seul but de caresser la fantaisie ou de viser à l'effet. *Est modus in rebus.*

(*Note du traducteur.*)

(3) Beaucoup d'édifices des mieux dessinés en style gothique moderne sont percés de fenêtres qui compromettent leur beauté : c'est le cas à Lee. Les tourelles, les parapets, les pinacles; en un mot, presque tous les éléments de l'ornementation gothique, s'appliquent aisément à nos maisons

suite par M. Wyatt à l'imitation de l'ancienne architecture anglaise sont trop connus pour être décrits ici, et trop nombreux même pour être simplement énumérés (1). Quelques-uns de ces édifices l'emportèrent, au double point de vue de l'étendue et de la richesse, sur les constructions antérieures du même genre : toutefois, si nous rendons à leur illustre architecte l'hommage qui lui est dû, pour ses belles imitations de monuments gothiques, nous ne saurions nous empêcher de le blâmer pour avoir détruit quelques spécimens originaux d'un intérêt réel, dans trois cathédrales dont la restauration fut confiée à son goût, — à Lichfield, à Salisbury et à Durham. Son génie luxuriant s'épanouissait en détails fleuris, sans accorder toujours assez d'attention aux exigences légitimes des anciennes règles; et l'on a été certainement trop loin quand on a dit de M. Wyatt « qu'il a rendu leur splendeur, en Angleterre, aux beautés si longtemps méconnues de l'architecture gothique (2). » Depuis les premiers travaux de cet artiste, la popularité du style gothique s'est étendue; il a été adopté pour bon nombre de résidences aristocratiques ou d'élégantes maisons de campagne; dans ces bâtisses, dans ces restaurations diverses, on a plus ou moins fait preuve de tact, on a imité plus ou moins fidèlement les anciens modèles. Le système ogival convient surtout à l'architecture religieuse; ses partisans se sont distingués en élevant des églises et des chapelles. La réparation de nos cathédrales, ces inestimables monuments du goût et du

---

modernes, sans qu'on ait besoin d'en modifier en quoi que ce soit la distribution intérieure habituelle; mais l'harmonie des façades est entièrement rompue, quand on y aligne des rangées de fenêtres simples, de structure grecque. Si au contraire on donne à ces ouvertures des formes appropriées au caractère de la décoration gothique, on se trouve forcé d'y rapporter les arrangements intérieurs, jusqu'à un certain point, et des difficultés imprévues se révèlent à propos de l'ameublement et des exigences du comfort domestique. Çà et là, on se contente de donner une courbe ogivale aux bandeaux des croisées : c'est faire de misérable *charpenterie* de fort mauvais goût. L'emploi des formes ordinaires, non dissimulées, serait encore préférable. Des châssis en fonte ne conviennent pas davantage pour remplacer des meneaux en pierre; la maigreur de ces baguettes empêchera toujours la croisée d'être prise pour « une partie illuminée de la construction même, » expression heureuse qui fait comprendre le véritable caractère d'une fenêtre gothique. — V. les *Metrical remarks on Modern Castles and Cottages*, etc. Londres, 1813. — Cette mordante satire est pleine de judicieuses remarques sur notre ancienne architecture et sur son application à nos demeures modernes.

(1) V., entre autres, l'ouvrage cité de Wiebeking, t. IV, ch. 3, pp. 81-152, *passim*.

(*Note du traducteur.*)

(2) V. le « *Gentleman's Magazine*, » sept. 1813, et le « *Monthly Magazine*, » n° d'octobre de la même année.

savoir de nos pères, a été entreprise et réalisée avec plus de soin qu'à aucune époque, depuis l'introduction de l'architecture italienne, et les convenances de leur style original ont été mieux respectées. On a eu le bon sens, enfin, çà et là, de faire disparaître de ces vénérables enceintes les décorations et les meubles d'un goût barbare, pour les remplacer par des œuvres d'art en rapport avec les types de leur architecture. — Dans le cours des vingt dernières années, de nombreuses publications ont contribué à dissiper les ténèbres qui enveloppaient encore l'histoire du style gothique; d'autres ont été consacrées à décrire les beautés si variées de nos vieux monuments. Des artistes de premier ordre se sont appliqués à dessiner et à graver leurs restes les plus curieux et les plus remarquables, et l'on peut dire que leurs travaux seront, dans un siècle au moins autant qu'aujourd'hui, ardemment recherchés et regardés comme précieux. Le perfectionnement du goût public, effet de leur influence, est visible pour tout le monde. On sait très-bien rendre justice aux beautés, à la convenance, aux proportions harmonieuses des ordres grecs purs, ou modifiés par les Romains, et plus tard par les architectes de l'école de Palladio : mais le temps est passé, où cette admiration impliquait l'exclusion fanatique de cet autre beau style que nous sommes accoutumés à nommer *gothique*; il est enfin permis de relever les mérites de ce dernier, sans porter le moindre ombrage aux défenseurs du classicisme. A chacun ses règles, ses traits caractéristiques, qu'on ne saurait sans inconséquence transporter de l'un à l'autre. On pourrait assez justement comparer les anciens styles d'architecture, soit grec soit gothique, aux idiômes qui ont cessé d'être communément parlés. Ni les uns ni les autres n'appartiennent plus au présent : nous ne pouvons nous en servir qu'en prenant fidèlement pour guides les monuments qui en sont restés. De part et d'autre, des règles fixes de construction : les proportions, les ornements de l'architecture réclament une étude aussi approfondie, une fidélité d'imitation aussi exacte, que les mètres et les phrases des langues classiques. L'architecte doit faire preuve de jugement, en mettant à contribution les meilleurs modèles du style qu'il adopte; quant à l'*invention*, il doit essayer de *penser* comme pensaient ceux qui composaient jadis dans ce style. Liberté pleine et entière est laissée à l'écolier d'exprimer ses idées en langage grec ou romain; l'architecte n'est pas moins libre dans ses imitations des anciens styles; seulement qu'il ne perde jamais de vue les modèles, se souvenant que le dédain licencieux des règles originales a produit l'exécrable gothique de Batty Langley (1), mille fois plus répugnant que le latin le plus barbare de l'époque féodale.

ÉDOUARD-JAMES WILLSON.

---

(1) Il y a quelques années, cet artiste inventa et publia, pour son malheur, « *Cinq ordres d'architecture gothique,* » autant de hideuses caricatures des colonnes et des entablements italiens, dont les types étaient déguisés par d'étranges moulures que l'architecte s'imaginait être gothiques. On hausserait aujourd'hui les épaules, si quelqu'un s'avisait d'en imposer de la sorte au goût public; tout au plus l'auteur parviendrait-il à égarer quelque charpentier, quelque maçon parfaitement ignorant; mais alors le fait est que l'étude des anciens exemples était négligée, et que les livres de Batty Langley donnèrent lieu à des barbarismes architectoniques de l'espèce la plus choquante. — V. les *Types d'architecture gothique*, etc., t. I, p. 10.

MOTIFS ET DÉTAILS

D'ARCHITECTURE GOTHIQUE.

DESCRIPTION DES PLANCHES.

PLANCHE I. — TRACÉ DE DIFFÉRENTS ARCS.

De même que la colonne est l'élément le plus essentiel et le plus caractéristique du style classique, l'arc est le trait spécifique (1) de toutes les constructions du moyen âge. La première planche du présent Recueil a été, par cette raison, consacrée à l'explication des principales variétés d'arcs qui se rencontrent dans les édifices d'architecture saxonne ou normande (2) et des transformations que subit, dans la suite, l'arc en pointe connu sous le nom d'*ogive*.

---

(1) L'arc en lui-même est accessoire; mais le choix qu'on en fait est inséparable, dans tous les édifices du style pur, de l'adoption de certaines formes fondamentales.
(*Note du traducteur.*)

(2) On emploie indifféremment ces deux dénominations, depuis que les nombreuses recherches entreprises pour constater les caractères distinctifs des édifices élevés en Angleterre antérieurement à la conquête semblent n'avoir conduit qu'à un seul résultat, savoir : que les Normands n'auraient pas introduit dans cette île un nouveau style d'architecture, mais qu'ils auraient simplement donné de plus grandes dimensions aux églises et aux autres édifices publics. Cette question sera traitée au tome II de cet ouvrage (*a*).

(*a*) A côté de la traduction du deuxième Mémoire de M. Willson, nous nous proposons d'insérer, dans le 2me volume, quelques observations nouvelles, sur cette controverse et sur quelques autres points, fruit de nos propres études et résumé des observations des archéologues contemporains les plus compétents.
(*Note du traducteur.*)

Fig. 1. L'arc *sémi-circulaire* ou en *plein cintre* domina dans toutes les constructions jusque vers le milieu du XIIe siècle, bien qu'on puisse citer quelques exemples isolés d'ogives remontant jusqu'à ces époques reculées (*). « On entend par arc à plein cintre celui dont la hauteur au-dessus de la ligne des naissances est égale à la moitié de la largeur. de la baie qu'il ferme. Dans ce cas, le centre duquel l'arc est décrit se trouve sur la ligne des naissances même, et l'arc comprend la demi-circonférence (1). » — Emprunté aux Romains, le plein cintre fut le signe caractéristique du style anglo-saxon et anglo-normand. Il se dénatura dans la suite et céda enfin la place à l'ogive; à part quelques exceptions, on ne le retrouve dans toute sa pureté qu'à l'époque de la Renaissance, vers 1550. Les artistes gothiques de la dernière période l'employèrent quelquefois eux-mêmes pour fermer les baies des croisées, mais rarement dans les constructions ecclésiastiques.

Fig. 2. L'arc *outrepassé*, ou *en fer à cheval*, est décrit d'un centre placé au-dessus de la ligne des naissances. — Il est très-commun dans l'architecture orientale ; nous en trouvons quelques exemples dans les édifices normands, entre autres à l'église de l'abbaye de Romsey (2).

Fig. 3. L'arc sémi-circulaire est dit *surhaussé*, lorsqu'une portion des jambages qui le supportent dépasse la hauteur des impostes. — On a donné cette forme aux deux arcades qui séparent les transepts de la nef et servent à supporter la tour centrale, dans l'église de l'abbaye de Malmesbury; en voici la raison. Les transsepts étant moins larges que la nef et le chœur (3), il a fallu nécessairement rétrécir l'ouverture de deux des quatre voûtes de support, sans cependant en diminuer la hauteur. Les transsepts de la

---

(*) Toutes les additions au texte de M. Willson, dans ce paragraphe, sont marquées d'un astérisque. (*Note du traducteur.*)

(1) Hoffstadt, *Principes de style gothique*, trad. de l'allemand (Liége, Noblet, 1854, in-8°, avec atlas, in-fol.), page 49. — Les extraits que nous emprunterons à cet excellent ouvrage seront distingués par le signe (H.). (*Note du traducteur.*)

(2) On le remarque sur la maison romane de S. Gilles. Viollet-Leduc, *Dict. d'archit.*, p. 43. M. Lübke l'a rencontré en Allemagne, où il est très-rare, dans la crypte de Göllingen. *Vorschule der Geschichte der Kirchenbaukunst*, etc. Leipzig, 1858, pl. 49. — On l'appelle aussi *byzantin*. C'est tout simplement un plein cintre, prolongé au-dessous du diamètre, soit par la continuation de la circonférence, soit par des droites, suivant l'inclinaison des cordes de ces prolongations. Il est au style roman ce que l'arc *lancéolé* est au style gothique (Schmit, *Manuel de l'architecte des monuments religieux*, collection Roret, page 275). (*Note du traducteur.*)

(3) Le plan. de la tour est un parallélogramme. (*Note du traducteur.*)

cathédrale de Winchester, de l'église abbatiale de St.-Alban, etc., nous fourniraient d'autres exemples : on peut même dire que les architectes normands surélevaient fréquemment les arcades au-dessus des impostes.

Fig. 4 et 5. Les arcs *elliptiques* ou en *anse de panier* sont décrits de trois centres. * « On peut les considérer, dit M. Batissier, comme étant formés d'un arc très-surbaissé, se terminant, inférieurement et de chaque côté, par des arcs d'un rayon plus court. » — On les rencontre non-seulement mêlés aux arcs en plein cintre, dans les édifices normands, mais encore très-souvent comme amortissement de portes ou de fenêtres, dans la première partie du XVᵉ siècle, à côté des ogives et des autres éléments caractéristiques de cette période. La tour d'entrée de la résidence décanale de Lincoln est percée de grandes portes de ce dessin ; il serait aisé de citer nombre d'autres exemples.

Fig. 6. Arcs sémi-circulaires *enlacés* ou *entrecroisés*. — On trouve quelquefois aussi des ogives entrecroisées, et des arcatures composées d'arcs enlacés en forme de *mitres*, si toutefois on peut donner le nom d'arcs à des triangles rectilignes alignés sur une même base : ce sont de purs ornements, comme on peut s'en assurer en examinant les ruines de la tour de l'église abbatiale de St.-Augustin, à Cantorbéry. — * Les entrecroisements de pleins cintres sont assez fréquents. Nous citerons le riche bandeau qui s'étend entre les contreforts du chœur de la cathédrale de Cantorbéry, vers le nord (Viollet-Leduc, *Dict. d'Archit.*, t. I, p. 91, pl. 3 *bis*) ; les détails de la façade du château de Rising, comté de Norfolk (fin du XIIᵉ siècle ; V. Bloxam, *ouv. cité*, p. 89 et pl. XVII, n° 2) ; les ruines de l'église abbatiale de Croyland, appartenant à l'époque ogivale (*Ibid.*, pl. XXI, n° 1), etc. — L'arc en *mitre* ou *fronton* n'est pas particulier à l'Angleterre et purement saxon, comme l'ont cru MM. Britton, Godwin, Rickman et divers autres architectes anglais ; on le trouve dans des pays qui n'avaient rien de commun avec les Saxons, en Auvergne et en Bourbonnais, par exemple ; on le ferait remonter sans peine aux Byzantins, aux anciens Grecs et aux Pélages. Il n'explique pas mieux que les entrecroisements de pleins cintres l'origine de l'ogive. — V. Batissier, *Archéol. nationale*, p. 420, *note*, et Hoffstadt, p. 276-277.

Fig. 7. Combinaison de *pleins cintres* et d'*ogives en lancette*. — Elle apparaît vers la fin du XIIᵉ siècle, lorsque l'ogive commença à se répandre. * La *lancette* proprement dite est l'arc brisé dont les segments sont décrits de centres situés à la hauteur de la base, mais en dehors des points d'appui ; on désigne sous ce nom, au reste, toute ogive élancée, c'est-à-dire dont la base est moins large que les rayons des segments ne sont longs. — L'association du cintre et de l'ogive caractérise le style de transition, appelé *sémi-normand* en Angleterre. — V. Bloxam, *ouv. cité*, ch. VI.

Fig. 8. *Ogive à trois centres.* — Cet arc devient à la mode dans les premières années du XVe siècle ; il tend, dans la suite, à former un angle de plus en plus obtus (1). * On trace d'abord un plein cintre ; ensuite, de deux centres opposés, situés au-dessous de la ligne de base, à égale distance du premier centre, on décrit deux segments qui viennent se croiser au-dessus ou au-dessous du cintre. Cet arc porte aussi le nom d'*ogive composée* (2).

Fig. 9. *Arc mauresque.* — Cette forme se rapproche de celle du *fer-à-cheval* (fig. 2). Elle est décrite de deux centres pris au-dessus des impostes. Des arcs affectant plus ou moins cette courbure se rencontrent quelquefois dans des édifices de style ogival primitif, mais seulement comme fermetures de baies étroites.

Fig. 10. L'ogive *elliptique* n'est qu'une ogive ordinaire dont le sommet est arrondi.

Fig. 11. La *lancette* est, comme on l'a vu, formée de deux arcs de cercle décrits de centres situés en dehors des points d'appui de l'ogive. — Ce nom s'applique heureusement aux hautes et étroites fenêtres du XIIIe siècle ; le type le plus complet, en Angleterre, des monuments de cette époque, est sans contredit la cathédrale de Salisbury (3). Chaque baie de

---

(1) V. au t. II, le deuxième Mémoire de M. Willson, n° 5.

(2) M. Schmit, *ouvr. cité*, explique diverses ogives composées, dont M. Willson n'a pas jugé à propos de faire mention. Nous reviendrons sur ce sujet.   *(Note du traducteur.)*

(3) Tous les détails de cet édifice remarquable par l'unité et la régularité du style, mais un peu froid à cause de l'absence de toute espèce de sculpture et des angles droits de son plan, ont été publiés avec une grande précision par M. Britton, dans sa magnifique Collection des cathédrales anglaises (*Cathedral Antiquities of England*), 5 vol. in-4°. Ils n'occupent pas moins de 31 planches, qu'on peut se procurer à part. — La cathédrale de Salisbury a été fondée par l'évêque Richard Poore, en 1220, et terminée en 1260. — V. l'*Architecture civile* de Wiebeking, t. IV, p. 108 et suiv., § 222 ; Vitet, *De l'Architecture du moyen âge en Angleterre* (Revue française, juillet 1838), et le dessin d'une fenêtre à trois lancettes dans Bloxam, *ouv. cité*, pl. XXVII, 1. — Bloxam consacre plusieurs pages (106 et suiv.) à l'histoire de cette forme ancienne de l'ogive.   *(Note du traducteur.)*

fenêtre à lancettes est fermée par une ogive aiguë, laquelle ne prend naissance, assez souvent, qu'au-dessus des impostes (quand il y a des impostes),
sur le prolongement vertical des jambages : circonstance qui rend plus
frappante encore la ressemblance de l'arc avec la pointe d'une lancette (1).

Fig. 12. L'ogive *équilatérale* ou à *tiers-point* est considéré comme le type
de la beauté et de la perfection gothiques. Elle est décrite de deux centres
pris aux points d'appui mêmes de l'arc, avec un rayon égal à la largeur
de la base. Entre les extrémités de la base et le point d'intersection des
deux branches, on peut conséquemment tracer un triangle équilatéral. *
V. Hoffstadt, pages 43 et 52.

Fig. 13. *Ogive à quatre centres.* Cette forme a contribué à varier agréa-
blement la décoration des édifices ; toutefois elle sera toujours regardée
comme moins parfaite que le simple arc décrit de deux centres (V. la fig. 8
et le passage cité du tome II, concernant les ogives composées). * On
construit d'abord deux ogives égales, juxtaposées sur une même base ;
les deux points extrêmes de la ligne de base sont les sommets des piédroits du grand arc à tracer. On divise cette base en quatre parties
égales, et des points de division 1 et 3, pris pour centres, on décrit,
en partant des sommets des petites ogives, la partie supérieure des
branches du grand arc, ce qui donne à celui-ci, en conséquence, la
forme d'une ogive plus ou moins *surbaissée*. Voir, sur la construction des
ogives surbaissées, Hoffstadt, p. 50 et pl. IV, n° 6, et ci-dessous, les
fig. 18, 19, 20 et 22.

Fig. 14, 15 et 16. Les combinaisons de cercles et de portions de cercles
sont si indéfiniment variées dans le gothique fleuri, et en particulier dans
les grandes fenêtres du XVe siècle, que nous essayerions en vain de les
analyser ici de manière à en distinguer tous les principes. Nous pouvons faire observer, cependant, que les ogives de la plupart de ces
fenêtres étaient d'abord divisées en un petit nombre de compartiments principaux, lesquels à leur tour se répartissaient en autant d'ouvertures que le

---

(1) L'*arc lancéolé* tel qu'il se rencontre, par exemple, à la Cathédrale d'Autun, ne doit pas
être confondu avec l'*ogive en lancette ;* il est formé de deux arcs, dont la courbure se prolonge
au-dessous de la ligne des centres, et offre quelque analogie avec l'ogive mauresque, à cela près
qu'il est beaucoup plus aigu. Cf. la note 2 de la page 24 ; Schmit, p. 276 ; Batissier, p. 441, etc.
(Note du traducteur.)

permettaient leurs dimensions, mais avec cette restriction pourtant, que la largeur de ces jours ne dépassait jamais celle d'une des sections perpendiculaires de la fenêtre, et que rarement elle dépassait même la moitié de cette largeur. Quant à la proportion des parties solides à l'égard des parties vides, les meneaux des divisions principales avaient rarement plus d'un tiers et moins d'un cinquième de la largeur des jours. * V. Bloxam, pl. XLIX et L. — La construction des arcs en accolade (p. ex. fig. 16 et 21) est exposée en détail par Hoffstadt, p. 54-56; cp. la pl. IV, fig. 14-17 de son atlas.

Fig. 17. Ogive tracée à la main au moyen d'un croisement de lignes droites. — L'arc ainsi décrit rentre dans la catégorie des ogives à quatre centres, sa courbe étant affaissée dans la partie supérieure. Beaucoup d'arcades appartenant à la dernière période du style gothique paraissent effectivement avoir été dessinées par le procédé clairement indiqué dans la fig. 16, c'est-à-dire en prenant pour points de repère des intersections de lignes droites.

Fig. 18, 19 et 20. *Arcs à quatre centres.* — On divise la ligne de base en un plus ou moins grand nombre de parties, selon la hauteur dont on dispose; on décrit de deux centres pris sur cette base, à distance égale des extrémités, la partie inférieure des courbes de l'ogive; on mène ensuite des diagonales partant du point culminant de ces segments, passant par leur centre et allant se croiser au-dessous de la ligne de base; enfin on prend deux centres sur ces diagonales mêmes, pour décrire les courbes qui doivent fermer l'arc. — Les formes reproduites par nos gravures sont autant de variétés de l'arc appelé *Tudor*, parce qu'il se rencontre surtout dans les édifices construits sous les princes appartenant à la dynastie de ce nom; on pourrait cependant citer des exemples d'arcs surbaissés du même genre, remontant à cinquante ans au moins avant l'avénement de Henry VII, le premier souverain anglais de cette famille. * (H) « L'arc ogival surbaissé est une particularité que l'on trouve dans les divers monuments gothiques de l'Angleterre. Il y est la forme dominante des arcs, et le surbaissement y est plus ou moins grand, mais toujours dans les mêmes proportions pour un même édifice. — L'adoption de cette forme n'est point l'effet d'un caprice, mais celui de la nécessité, en ce que le prix élevé du bois en Angleterre ne permet pas la construction de toitures d'une grande élévation. La pente des combles y est petite, et on y remplace les grands combles à pignon, par une suite de petits combles du même genre qui se touchent. Cette disposition a amené la construction des créneaux dont les parties supérieures des murs des monuments gothiques sont garnies, et qui en cachent les toitures. Les sommets de la plupart des tours y sont couronnés de la même manière, par la raison que l'absence de toitures ferait paraître ces tours trop isolées, si elles étaient surmontées d'aiguilles. — Ces considérations s'appliquent aux voûtes ; car, de même qu'en Allemagne les voûtes élevées sont en rapport avec les combles élevés, de même en Angleterre les voûtes surbaissées conviennent aux toitures plates, et ainsi l'emploi des arcs surbaissés pour la fermeture des baies se trouve entièrement justifié, et devient même nécessaire pour produire une parfaite harmonie dans toutes les parties de l'édifice. — On se servira avec avantage de l'arc surbaissé, dans les cas où l'on ne pourra disposer d'une élévation suffisante pour employer l'arc ogival parfait ; mais il ne faut pas perdre de vue que, lorsqu'on fera usage de l'arc surbaissé, les masses et les détails de la construction devraient reproduire ces formes dans toutes leurs parties. » Dans beaucoup d'édifices gothiques, en Angleterre, on trouve l'emploi simultané de ces deux arcs : inconséquence apparente qui se justifie aisément, si l'on considère que la partie inférieure de l'arc surbaissé, dans les grandes baies, devra nécessairement se répéter à l'intérieur, selon les lois de la symétrie, de manière à former un arc ogival parfait, tandis que les arcs supérieurs seront surbaissés. V. Hoffstadt, p. 50 ; et p. 51, le détail des procédés de construction des arcs surbaissés. Pour les exemples et le développement des considérations qui précèdent, on consultera utilement Bloxam, p. 139 et suiv., et les pl. XLVII à LI (1).

Fig. 21. *Ogive en accolade. (Ogee).* — V. la fig. 16. — Ces arcs, introduits dans l'architecture gothique pour en rendre l'ornementation plus riche et plus variée, se rencontrent quelquefois comme fermetures de baies, aux portes et aux fenêtres, dans les constructions des règnes d'Édouard II et d'Édouard III, par exemple à Caerphilly Castle, etc. L'inflexion de leurs

---

(1) Au t. III de son intéressante *Histoire de l'architecture en Belgique*, M. Schayes décrit comme suit l'arc surbaissé en usage dans cette contrée, dès l'époque du style ogival primaire : « *L'arc aplati* ou surbaissé a quatre centres, déterminés par un carré abaissé de la corde à l'arc, dont les côtés sont au tiers de cette corde. » C'est un cas particulier de l'application du principe général formulé par MM. Willson et Hoffstadt.   (*Note du traducteur.*)

courbes les rend trop faibles pour être élevés sur une large échelle; aussi n'en citerait-on que des modèles de dimensions restreintes. * L'ogive *en accolade* a quatre centres, dont deux sont pris sur la ligne de base, et les deux autres extérieurement à l'arc, à la hauteur de son sommet. Elle fut en usage, dit Bloxam, jusqu'à la fin du XVᵉ siècle et même plus tard. Hoffstadt donne tous les détails de sa construction, p. 54 et suivantes; il en fait connaître plusieurs variétés propres aux édifices de l'Allemagne, et dont la courbe supérieure, plus élancée, est décrite avec un grand rayon, de deux centres situés à un niveau plus élevé que le sommet même de l'arc (pl. IV, fig. 16, 17 et 24). L'arc en accolade est commun dans la plupart des édifices gothiques de la France, de l'Allemagne et de la Belgique datant des XVᵉ et XVIᵉ siècles (1); cette courbe se retrouve dans les plus menus détails des galeries, des balustrades, des pinacles, des clochetons; elle s'applique indifféremment aux linteaux, de pierre ou de bois, dans l'architecture domestique. (Viollet-Leduc, *Dict.*, t. I, p. 10.)

Fig. 22. *Ogive à quatre centres*, de la même catégorie que les arcs nᵒˢ 18, 19 et 20, mais décrite par un autre procédé. * L'arc *elliptique* ou en *anse de panier* peut être, au contraire, rapproché de celui-ci *quant au mode de construction*, bien qu'il n'ait que trois centres. Comp. la fig. 22 avec la fig. 5.

Fig. 23. *Ogive rampante*, formée par des intersections de lignes droites. — V. l'explication de la fig. 17.

Fig. 24. Cette épure est destinée à déterminer la proportion des diagonales d'une *voûte d'arête*, par rapport aux arcades latérales. Dans cet exemple, les arcades latérales étant en plein cintre, la courbe des diagonales est elliptique. Elle forme souvent, au contraire, un demi-cercle, dans les édifices où la courbe génératrice des berceaux est ogivale. La science consommée que suppose la construction de la plupart des voûtes du XIVᵉ et du XVᵉ siècles doit attirer sur cette partie de nos anciens édifices l'attention assidue et minutieuse des architectes. * Sur la construction des voûtes gothiques et des voûtes d'arête en particulier, v. Hoffstadt, p. 329 et 331 et suiv.; ainsi que la pl. XIV A de l'atlas.

---

(1) Mais très-souvent l'accolade n'est qu'un simple ornement ou couronnement tout extérieur de l'ogive; il est évident qu'alors la solidité de celle-ci n'a plus rien de commun avec cette courbe.
(*Note du traducteur.*)

Fig. 25. *Ogive rampante.* — V. la fig. 23. — Dans ce nouvel exemple, on a cru devoir donner l'indication des joints.

PLANCHE 2. — MAISON DES JUIFS A LINCOLN. — FENÉTRE ET PORTE (1140).

Cette planche offre le dessin de quelques détails d'une habitation privée située dans la ville de Lincoln, et connue sous le nom de *Maison des Juifs* (1). Elle appartient à la période où le style normand avait atteint sa plus grande richesse de décoration, à la veille d'être brusquement abandonné à la suite de la grande révolution architecturale qui éleva l'ogive au-dessus du plein-cintre. Le premier de nos deux spécimens est une *fenêtre* de l'étage supérieur ; elle est bien conservée et intacte dans tous ses détails, si ce n'est que la colonne centrale a disparu. Nous la faisons complètement connaître par une élévation, une coupe verticale, une section horizontale, une portion agrandie de la moulure extérieure de l'arcade, et l'une des extrémités, aussi amplifiée, du tore en forme de *câble* ou plutôt de *torsade* (2) qui passe sous la fenêtre, et se prolonge d'un bout à l'autre de la façade. La première de ces deux moulures s'étend également jusqu'à une fenêtre correspondant à celle dont nous donnons le dessin , mais qui est aujourd'hui mutilée.

Le deuxième spécimen consiste en une *porte* qui donne entrée au rez-de-chaussée du même édifice. Cette porte est réellement curieuse, en ce qu'elle a été construite pour servir de base à une cheminée qui sera

---

(1) On la désigne ainsi pour avoir été la résidence de la juive Belaset de Wallingford, qui fut exécutée pour avoir rogné des monnaies d'argent au coin du royaume. La maison de Belaset fut confisquée l'an 18 du règne d'Édouard I (1290; V. Hume, *Histoire d'Angleterre*, ch. XIV, t. III, p. 76 de l'édit. de Bruxelles): elle tomba ensuite dans les mains du chanoine William de Thornton, qui en fit don au doyen et au chapitre de la cathédrale, comme part de la dotation d'une chantrerie ; depuis lors elle n'a plus changé de propriétaire. La *Maison des Juifs* n'est pas loin de celle où le meurtre d'un enfant chrétien, Hugh, aurait été perpétré en 1255 par certains juifs. (Math. Pàris, *Hist. Angl.* ad ann. 1255 ; Cf. Depping, *Les Juifs au moyen-âge* ; 3ᵉ époque, ch. 1). La population israélite était alors très-nombreuse à Lincoln ; beaucoup de juifs avaient amassé des richesses par l'usure ; ils n'avaient sous ce rapport aucune concurrence de la part des chrétiens, qui regardaient et regardèrent encore pendant plusieurs siècles comme illégitime toute espèce de prêt à intérêt.

(2) Voir le *Cours d'antiquités monumentales* de M. Caumont, t. IV, p. 130, et pl. XLIX, fig. 15 et 16.   (*Note du traducteur.*)

décrite ci-après. L'élévation et la coupe verticale correspondante que nous en donnons, feront comprendre la forme particulière de l'arcade qui lui sert de fermeture : on remarquera sa projecture, formant abri, et reposant sur deux corbeaux sculptés; sa moulure extérieure s'élargissant beaucoup plus que les dimensions du corps de la cheminée ne semblent l'exiger; la cheminée enfin, intérieurement ouverte à la place que devait occuper le foyer, s'élançant du sommet du fronton, à l'extérieur, semblable à un large pilastre (1). Toute la disposition intérieure de la maison a été modifiée dans la suite; l'ouverture a été bouchée, et le pilastre reposant sur le fronton a été remplacé par un ouvrage de maçonnerie commune, en briques : heureusement un artiste du siècle dernier, l'un des frères Buck, a dessiné la façade de la Maison des Juifs, en 1724, époque où elle gardait encore presque entièrement son caractère primitif. La cheminée formait un cylindre élevé, s'élevant sur une base carrée que décorait, à chaque surface latérale, un petit gable triangulaire; la partie supérieure était endommagée; la tête avait déjà disparu (2).

Le plan gravé sous l'élévation et la coupe verticale indique le profil des jambages. On a en outre dessiné, sur une plus large échelle, une partie des enlacements qui servent de décoration à l'arcade intérieure; on y a joint un profil de cette archivolte. En regard se trouve, également accompagné d'un profil, le commencement de l'arcade en saillie. Au-dessous, vus

---

(1) Une cheminée du même genre, bâtie au-dessus d'une porte, existait encore, il n'y a pas tant d'années, dans une maison du voisinage de celle-ci, et qui passait également pour avoir appartenu à un juif. Le foyer et toutes les constructions qui le surmontaient ont disparu, mais la porte est restée ce qu'elle était, couronnée d'une arcade exactement semblable à celle de notre planche 2, bien que moins richement décorée. Cette disposition des cheminées aurait-elle été particulière aux habitations des juifs, à une certaine période? Nous savons, en tout cas, que les juifs étaient obligés, jadis, de se distinguer par un costume spécial... — ?

(2) La cheminée de la *Maison des Juifs* offre un intérêt si particulier, que M. Viollet-Leduc n'a pas hésité à la décrire et à en donner le dessin dans son *Dictionnaire*, bien que cet important ouvrage ne soit consacré qu'à l'architecture française. Voici l'opinion de ce savant archéologue sur le motif de ces constructions au-dessus des portes : « Tout en se chauffant, on voulait voir ce qui se passait dans la rue, et, non contents de placer les cheminées entre les fenêtres de la façade des maisons, les bourgeois perçaient quelquefois une petite fenêtre dans le fond même de la cheminée, d'un côté, de manière à pouvoir se tenir sous le manteau en ayant vue à l'extérieur. » (T. III, art. *Cheminée*, p. 197-198). On voit, dans les maisons de la ville de Cluny, quelques exemples de cheminées dont le contre-cœur porte, dans les mêmes conditions, sur la saillie formée par la porte d'entrée du rez-de-chaussée. (*Ibid.*) On ne dit pas qu'elles aient appartenu à des juifs. V. la note précédente. (*Note du traducteur.*)

de face et de côté, sont deux échantillons des têtes de clous garnies de feuillage qui s'alignent le long des jambages; enfin, à l'extrémité droite de la planche, nous avons reproduit en l'amplifiant un fragment de l'abaque ou tailloir qui couronne les chapiteaux des colonnes. Les fûts de ces dernières ont été dégradés; leur partie inférieure a même disparu, et a été remplacée par une espèce de soubassement en pierre brute. — Les dimensions de cette porte sont plus grandes, comparativement à celles de la fenêtre, qu'on ne le dirait à première vue, en considérant la pl. 2; on voudra bien remarquer que ces deux spécimens ont été dessinés sur des échelles différentes, eu égard aux exigences d'une description détaillée de l'un et de l'autre.

PLANCHE 4 (1). — ANCIENNE PORTE A LINCOLN (1150).

Voici un nouveau spécimen de l'architecture romane tertiaire (2). On y notera l'emploi simultané du plein-cintre et de l'ogive, mélange assez fréquent dans les monuments du XIIe siècle. L'édifice dont ce détail est tiré paraît avoir été la *Chambre* (3) *de S*te*-Marie*, ou la grande maison de réunion (*Great Guild*) des citoyens; elle est louée aujourd'hui par le maire et le conseil municipal de Lincoln (4). L'élévation primitive de la façade a été réduite à peu près au niveau de ce qui est compris dans notre gravure; mais il y a eu jadis un autre étage, et il faut se représenter,

---

(1) Le graveur a, par inadvertance, donné le n° 4 à la planche 3 de l'original, et *vice-versâ*. Pour prévenir toute confusion, nous consacrons son erreur. (*Note du traducteur.*)

(2) Nous empruntons cette expression à M. de Caumont, qui l'a popularisée par la publication de ses excellentes études. Elle s'applique à la période qui s'étend de 1090 à 1160 ou 1200. (*Note du traducteur.*)

(3) *Hall*, chambre d'assemblée. *Guild* veut dire corporation, société; *Guildhall*, à Londres, est l'hôtel-de-ville. En Belgique, les anciennes corporations de métiers, dans les provinces flamandes, avaient aussi leurs maisons communes. On y appelait *Gildes* ou *serments* les corps des arbalétriers, des archers, etc., qui avaient également des locaux à eux. V. Schayes, *Hist. de l'architecture en Belgique*, t. IV. (*Note du traducteur.*)

(4) M. Gough, dans son édition augmentée de la *Britannia* de Camden, donne un peu arbitrairement, à cet édifice, le nom d'*Écuries de Jean de Gand*. Ce prince possédait un palais dans la même rue; de là, probablement, l'erreur. On désigne aussi quelquefois la maison dont il s'agit sous le nom de *Lord Hussey's House*, parce que c'est de là que lord John Hussey, condamné à mort pour crime de rébellion contre le roi Henry VIII, fut conduit au supplice.

au-dessus de la corniche A, une rangée de fenêtres qui doivent avoir res-
semblé à celles de la *Maison des Juifs* (pl. 2). La grande porte d'entrée
occupe une des quatre divisions qui partagent la façade dans sa largeur,
et sont séparées par des pilastres ou contreforts plats. Le n° 1 de la
planche représente l'élévation de cette porte, vue de face; le n° 2 en
donne la coupe. On remarquera surtout l'arcade plate, probablement établie
là par convenance, pour diminuer la hauteur des ventaux de la porte, de
manière à pouvoir ouvrir celle-ci en les repliant contre les parois du
passage intérieur voûté, qui a été démoli (1). La gravure fera comprendre
la curieuse disposition des joints; on a eu soin d'indiquer les centres (2).
Sous le dessin de l'élévation, nous donnons sur une plus large échelle
quelques fragments des moulures ornementées, savoir : en A, une portion
de la corniche qui supportait les fenêtres de l'étage; en B, une des patères
gravées sur la face de la moulure extérieure de l'arcade; en C. C, une des
fleurs qui décorent une autre moulure de la même arcade; on peut la
rapprocher des têtes de clous à feuilles de la *Maison des Juifs* (B, pl. 2).
D. E. F. G sont d'autres portions de la corniche A, curieusement ouvragée,
couverte de feuillages et de figures d'animaux, et faite d'une pierre dure
extraite des carrières de Lincoln, circonstance qui a conservé à ces sculptures toute leur netteté de trait et toute leur perfection primitive. La
partie inférieure des jambages de la porte est enfouie par suite d'un
exhaussement du sol qu'on peut évaluer à trois pieds environ.

PLANCHE 3. — ANCIENNE PORTE A LINCOLN (vers 1120).

Cette porte appartient à un ancien édifice situé dans le clos de la
cathédrale, et connu sous le nom d'*Atherton-Place*; elle servait d'entrée à
la salle principale, qui n'était jadis qu'un vaste appartement, mais qui,
modernisée, constitue aujourd'hui une maison à part.

---

(1) La porte du Nord de l'église paroissiale de Fiskerton, près Lincoln, offre le même trait
caractéristique : son plein cintre embrasse une arcade plate du genre de celle-ci.

(2) Les joints placés entre les deux rayons convergent au point d'intersection de ces derniers ;
les joints extérieurs à ces lignes convergent respectivement aux deux centres, d'où sont décrites
les branches de l'ogive.

Les ventaux ont été enlevés, la baie a été murée; la gravure en donne la restauration, complétée d'après des modèles de l'époque. On y trouvera d'abord l'élévation et la coupe verticale de l'ensemble, avec les plans correspondants. A droite sont dessinés tous les détails, avec indication des mesures (1).

PLANCHE 5. — ÉGLISE DE NEW-SHOREHAM (2), SUSSEX. — EXTRÉMITÉ ORIENTALE.

L'église dont cette planche représente une partie contient plusieurs curieux spécimens d'architecture à plein cintre et d'architecture ogivale, entremêlées, mais conservant pourtant l'une et l'autre leurs ornements caractéristiques. Il n'est pas improbable que la construction de cet édifice n'ait occupé un temps fort long, si bien que, la bâtisse n'étant pas achevée quand le nouveau style obtint décidément la vogue, on aurait jugé convenable de tenir compte, pour ce qui restait à faire, de cette transformation du goût. On pourrait citer plus d'un exemple de ces variations graduelles dans des monuments très-considérables, alors même qu'elles ne sauraient s'expliquer par une interruption de travaux : nous indiquerons seulement la cathédrale de Salisbury (3). L'extrémité orientale de l'église de Shoreham a été choisie comme exemple du style mixte qui servit de transition entre la période normande et la période gothique ou ogivale. Les détails, à droite de la gravure, comprennent : A. une des fenêtres basses, dont les moulures et les petites colonnes appartiennent au gothique primitif, bien que l'arcade soit un plein cintre; B. un ornement assez rare.

---

(1) Les deux têtes saillantes qui terminent la moulure extérieure de l'arcade ont quelque chose du crocodile ou plutôt du serpent. Cet ornement, excessivement commun dans les constructions saxonnes aussi bien que dans les édifices normands, doit tirer son origine de la mythologie des anciens peuples du Nord. Dans quelques exemples, il est placé fort à propos à l'extrémité d'une moulure ronde en torsade ou écaillée.

(2) On a imprimé par erreur, dans la table des matières et au bas de la gravure : *Église neuve de Shoreham.* New-Shoreham est un petit port du comté de Sussex, situé près de Brighton, à 19 lieues de Londres.   *(Note du traducteur.)*

(3) On lira avec intérêt les judicieuses considérations formulées dans le même sens, à propos de Robert de Coucy et de la cathédrale de Reims, par M. Viollet-Leduc, *Dictionn. d'Archit.*, art. *Cathédrale*, t. II, p. 320 et 321.   *(Note du traducteur.)*

La fenêtre circulaire est une rose de la forme la plus ancienne, composée de minces fûts de colonnes supportant des pleins cintres et convergeant vers un même centre (1).

PLANCHE 6. — ÉGLISE Ste-MARIE A LINCOLN. — PORTAIL DU SUD.

Spécimen intéressant du style ogival *(pointed)* ou gothique primitif. L'ornement désigné par la lettre A se retrouve très-communément dans les édifices de la première moitié du XIIIe siècle; toutefois il paraît avoir passé de mode antérieurement au règne d'Édouard I. On l'a multiplié dans les cathédrales de Lincoln et de Salisbury; il est rare, au contraire, à l'abbaye de Westminster. On lui donne quelquefois le nom de *Dent de chien*, bien qu'en réalité il consiste en séries de fleurs à quatre petites pétales, forme empruntée au style normand, ce semble, mais plus ou moins modifiée. Les planches 2 et 3 ont fait connaître ces espèces de têtes de clou garnies de feuilles; seulement, dans l'ancien style, on laissait entre elles des intervalles, tandis qu'ici elles se touchent et produisent par là même un tout autre effet (2). Cette disposition mériterait une dénomination particulière.

PLANCHE 7. — SIX SPÉCIMENS DE BAIES A LINTEAUX DROITS, ET A LAMBELS COMBINÉS AVEC DES ARCADES DE DIVERSES FORMES (3).

Le n° 1 représente une porte des *longues écuries* de la Cour des Vicaires, à Lincoln : on peut voir, pl. 16, une fenêtre du même édifice. Nous

---

(1) V. dans l'*Archæologia*, vol. XVI, plusieurs exemples de roses semblables empruntés aux monuments de l'Italie. On en trouve d'ailleurs çà et là en Angleterre dans les édifices normands. Quelquefois les bases des petites colonnes sont placées en sens inverse, du côté de la circonférence. La grande fenêtre ouverte dans le gâble du transsept de la cathédrale d'York, vers le sud, est une application du même principe : elle consiste en une double série d'arcades ogivales avec des colonnes disposées en rayons autour d'un même centre. Les architectes français avaient la passion des fenêtres circulaires; un grand nombre de leurs plus belles églises en ont aussi au-dessus de la porte occidentale de la nef, ce qui ne se voit nulle part en Angleterre.

(2) V. Bloxam, p. 102, et pl. XXIII. Nous citons toujours l'édition allemande.

(Note du traducteur.)

(3) V. le Glossaire, t. II, au mot Lambel ; Hoffstadt, p. 236 et suiv., et surtout p. 242 et suiv. — On comparera utilement les dessins des pl. 7, 8, 11, 12 et 13 du présent volume aux exemples analogues décrits et gravés dans les Types, t. I, pl. 2, n° 3 (Collége de Merton à

signalerons seulement le LAMBEL de la porte dont il s'agit ici, et les écussons blancs (vides) qui décorent les tympans. — A droite est figurée (n° 2) une fenêtre appartenant à un édifice situé entre la cathédrale de Lincoln et la maison chapitrale. — Vient ensuite un spécimen emprunté à la façade postérieure de la *Maison du Chancelier*. (V. les planches 46 et 47 de ce volume). — Le n° 4 (au bas de la planche à gauche) désigne l'entrée principale du château de Tattershall (V. les pl. 37 et 38, t. I). — Le n° 5 s'applique à une porte de l'église de Horn, comté d'Essex; on remarquera les ventaux divisés verticalement en plusieurs compartiments. Cette porte est d'un beau travail; on peut lui assigner, approximativement, la date de 1140. Le plan et la coupe verticale feront apprécier la hardiesse et la profondeur des moulures qui la décorent. — Enfin dans l'exemple n° 6, provenant d'Oulton, comté de Norfolk, nous noterons l'élégance des ornements placés dans les tympans et dans les saillants à l'intérieur de l'arcade. — Les n°ˢ 5 et 6 sont la reproduction de dessins dus à M. J. A. Repton, Esq., architecte.

PLANCHE 8. — TROIS PORTES DE L'ABBAYE DE WESTMINSTER ET UNE PORTE DES CLOITRES DE LA CATHÉDRALE DE LINCOLN.

Nᵒˢ 1 et 2. Portes conduisant de la cour décanale *(Dean's Yard)* au cloître. — N° 3. Porte d'entrée de la chapelle de Sᵗ-Érasme, située au nord de la chapelle d'Édouard-le-Confesseur, à Westminster. — N° 4. Porte des cloîtres de la cathédrale de Lincoln (côté de l'Est), construction remontant au commencement du XVIᵉ siècle, mais agrandie il y a quelques années, — d'une façon barbare, en ce qu'on n'a pas trouvé mieux que d'enlever les moulures intérieures de l'arcade et des jambages. Avec la date de cette *amélioration* coïncide celle de la disparition de la clôture primitive de la baie, travaillée en solide bois de chêne et embellie de sculptures.

Oxford, tour d'entrée du transsept N.); pl. 1, n° 10 (Collége des Ames, *ibid.*, tour d'entrée); pl. 1, 2 et 3, nᵒˢ 17, 18, 19 (Chapelle du Collége de la Madeleine, *ibid.*); pl. 7 et 8, nᵒˢ 23 et 24 *(Id., ibid.*, tour d'entrée); pl. 2, n° 39 (Palais archiépiscopal de Croydon); pl. 6, n° 48 (Palais d'Elham, comté de Kent); pl. 3, n° 73 (Château de Thorpland, comté de Norfolk); t. II, pl. 5, n° 27 (fenêtre du château de Rayland, comté de Montmouth); pl. 5, n° 34 (Château de Thornbury, comté de Glocester); t. III, pl. 10, n° 10 (Clos des Vicaires choraux de Wells, porte de la chapelle); pl. 6, n° 60 (Manoir de South-Wraxhall, comté de Wilts, grande porte d'entrée); pl. 4, n° 75, fig. 1 (Église de Bilderstone, *ibid.*, porte intérieure du porche Sud). — Cf. Bloxam, p. 140 et pl. XLVIII, etc.

(Note du traducteur.)

PLANCHE 9. — PALAIS ÉPISCOPAL DE LINCOLN. — PORTE A PANNEAUX SCULPTÉS, ETC. (1440).

Indépendamment de son mérite comme dessin, le spécimen que nous avons sous les yeux tire une importance historique particulière de la circonstance qu'il a une date certaine, indiquée par les armoiries qui décorent les tympans (1), et qu'il concourt ainsi à déterminer d'une manière précise quelles transformations progressives n'a cessé de subir notre ancienne architecture. L'arcade est en relief, contrairement à la mode qui commençait à s'établir alors, mode suivie même dans les autres portes et dans quelques fenêtres du même édifice. Le retour à angle droit des extrémités du lambel (2) était encore une forme nouvelle à cette époque, mais qui resta en honneur jusque chez les derniers constructeurs en style ogival. Toutes les moulures sont nettement taillées, de manière à produire de vives lignes d'ombre, du meilleur effet. La planche donne l'élévation vue de face, avec les sections verticale et horizontale, et quelques détails, savoir : A. Sculptures d'un des panneaux d'un ventail. — N. B. Le panneau extérieur de chaque côté est plus étroit que les autres. — B. Coupe et brisure du lambel. — C. Chapiteau d'une des petites colonnes des jambages, avec son plan. Les hachures indiquent la position du fût et le profil des moulures vers l'intérieur, du côté des ventaux. — D. Moulures des mêmes colonnes, à la base.

PLANCHE 10. — ÉGLISE DE TATTERSHALL, COMTÉ DE LINCOLN (3). — PORTAIL OCCIDENTAL (1455).

Ce spécimen est d'un effet remarquable, à raison du rétrécissement progressif de la baie ou du retrait considérable de la porte en arrière de la

---

(1) Ce sont celles de l'évêque William Alnwick, qui passa en 1436 du siége de Norwich à celui de Lincoln, qu'il occupa jusqu'à sa mort, arrivée en 1449. Son nom se retrouve sur les vitraux des fenêtres de la chapelle adjacente à la tour dans laquelle notre porte est percée, et qui fut construite également sous son administration.

(2) V. le GLOSSAIRE, t. II, et les dessins de la pl. 7.   (*Note du traducteur.*)

(3) L'église de Tattershall, comprise dans la fondation d'un collége, fut rebâtie par lord Cromwell, le même qui construisit le château dont nous publions deux cheminées (pl. 37 et 38). Le vaisseau de cet édifice a encore ses anciennes dimensions, mais les cloîtres, etc., ont entièrement disparu. La relation de M. Gough a fait connaître comment, dans le cours du siècle dernier, le chœur fut ruiné et dépouillé de ses beaux vitraux peints. L'église a la forme d'une croix ; une tour basse s'élève à l'extrémité occidentale de la nef. La construction n'était pas achevée en 1455, date de la mort de lord Cromwell.

ligne de la façade, au fond d'un porche évasé de dedans en dehors. Les sculptures de l'encadrement ont été visiblement destinées à dissimuler la disproportion qui existe entre le porche et la fenêtre placée au-dessus; et ce but a été si heureusement atteint, que l'ensemble présente une apparence de richesse tout-à-fait agréable à l'œil. La planche offre une élévation de l'entrée, vue en face, une coupe verticale et un plan indiquant les moulures des jambages, etc. On a dessiné, à gauche, sur une plus grande échelle, en A. B., deux échantillons des sculptures dont il vient d'être question, avec leurs coupes. C désigne une des petites bases, également agrandie. — Les écussons dont la porte est surmontée sont tous gravés.

PLANCHE 11. — ÉGLISE DE TATTERSHALL. — PORTAIL DU SUD.

La ville s'étendant au nord de l'église, le portail du sud a été moins décoré que le précédent, destiné à servir d'entrée principale. Il est toutefois traité dans un style correspondant, quoique plus simple; mais cette simplicité même en fait un modèle beaucoup plus facile à reproduire. Le croisement des moulures aux angles extérieurs des jambages sera noté comme un raffinement d'exécution particulier aux ouvrages des dernières périodes (1). Cette disposition demande plus de travail que la simple jonction des diagonales, mais on doit reconnaître qu'elle produit quelquefois un bon effet. Les ventaux des portes ne sont point garnis de clous; cet usage, au reste, fut moins commun au XVᵉ qu'au XIVᵉ siècle.

PLANCHE 12. — CHAPELLE SAINT-GEORGES, A WINDSOR. — ENTRÉE DU RÉFECTOIRE.

La porte que nous avons ici sous les yeux donne accès dans une petite cour intérieure de la partie basse du château de Windsor (2). C'est l'entrée

---

(1) Ces croisements de moulures sont particulièrement fréquents dans les édifices gothiques de l'Allemagne et de la Suisse. Hoffstadt, pl. X, et Stieglitz, dans ses *Beiträge*, etc., fig. 29, en reproduisent des spécimens variés appartenant à l'architecture civile. (*Note du traducteur.*)

·(2) Les constructions du château de Windsor occupent environ douze arpents; elles embrassent deux vastes cours au milieu; dans la première est la chapelle St-Georges; la seconde, placée plus haut, est tout-à-fait libre. Entre elles s'élève un donjon colossal. La chapelle St-Georges fut fondée par Édouard III et rebâtie par Édouard IV, à l'endroit même où Henry I avait érigé un

du réfectoire des chapelains et des enfants de chœur de l'église collégiale, ainsi que nous l'apprend une inscription gravée au haut du ventail : « ÆDES PRO SACELLORUM ET CHORISTARUM CONVIVIIS, EXTRUCTA 1519. » La pré- cision de la date donne à ce spécimen une valeur particulière. La niche dont la porte est surmontée est remarquablement large par sa hauteur, ce qui porte à penser qu'elle a été destinée à renfermer une statue équestre de Saint Georges. Au-dessus de cette niche est une accumulation d'ornements, élégants si on les considère en détail, mais lourds et disgracieux comme ensemble : critique applicable, au surplus, à un grand nombre d'ouvrages architectoniques plus considérables de la même période. L'élévation s'étend vers la droite jusqu'à l'angle formé par le retour du mur, où est pratiquée une seconde niche. La luxuriante frise à feuillages qui court au-dessus de la première est d'une grande beauté, bien que son dessin n'appartienne pas aux époques florissantes de l'art; le piédestal présente un ornement analogue. Au bas de la planche est le plan de cette niche, en *a*.

b. Profil d'un jambage, amplifié. — Cette combinaison de courbes, plus ou moins répétée, donne les profils de la plupart des piédroits de la der- nière période.

---

monument à la mémoire d'Édouard-le-Confesseur. « Elle donne, dit M. Alf. Michiels, une excellente opinion de l'architecte qui l'a construite. » *Richard Beauchamp*, évêque de Salisbury, grand-maître des francs-maçons et intendant des travaux des châteaux royaux, en commença la bâtisse dès 1437; mais la mort l'interrompit en 1481, et il fut remplacé par le premier ministre de Henry VII, *Reginald Bray*, qui fit survoûter le chœur en 1508. La galerie des Saints et la lanterne datent de 1518. A l'intérieur se trouve un riche écran, placé au XVIIIe siècle. Des vitraux modernes, peints par Jervas et Forrest, sur les dessins de West, vers 1775, ornent la croisée de l'Est, et contrastent malheureusement avec toutes les autres parties de l'édifice, qui commande malgré tout l'admiration, bien que la profusion des détails y compromette singulièrement la pureté du style gothique. (V. les planches 48 à 52 de ce volume). — Diverses restaurations et appropriations y ont été exécutées dans ce siècle; nous nous contenterons de renvoyer le lecteur à Wiebeking, t. IV; il y trouvera, entre autres, un plan et des renseignements bibliographiques. Dans ses *Souvenirs d'Angleterre*, M. Alf. Michiels a consacré à l'œuvre de Richard Beauchamp quelques pages qui attestent un sens esthétique tout-à-fait délicat, et qui, pour être poétiques, n'en n'en sont pas moins instructives. — M. *Hakewell* a publié, en 1813, une *History of Windsor*; l'ouvrage le plus complet est celui de *Pyn, History of the royal residences*, 3 vol. avec un grand nombre de pl. — La chapelle collégiale de St-Georges appartient au style dit *perpendiculaire*, qui remonte aux dernières années d'Édouard III, et dont on trouve encore quelques traces sous Henry VIII, jusqu'en 1539. Les édifices de ce style ont pour caractère distinctif de larges fenêtres, dont les meneaux s'élèvent en ligne droite jusqu'au point de rencontre avec l'arcade ogivale qui ferme la baie (V. Hoffstadt, p. 276); on les a comparés avec assez de justesse aux barreaux de fer d'une prison. L'ornementation est partout prodiguée, mais cette richesse surabondante ne vaut pas à beaucoup près la simplicité majestueuse des anciens monuments. Le type du genre est la chapelle de Henry VII, à Westminster (pl. 53 à 58 du présent volume).

(Note du traducteur.)

Une coupe verticale, passant par le centre de la porte, et le plan tracé sous l'élévation, compléteront l'intelligence de l'ensemble. — Le mur est en briques, les ornements sont en pierre de taille.

PLANCHE 13. — ÉGLISE SAINTE-MARIE, A LINCOLN. — FENÊTRE ET DÉTAILS (COTÉ DU NORD).

Cette fenêtre affecte une forme qui fut en vogue dans tout le cours du XIVᵉ siècle et même plus tard. On trouve des fenêtres de diverses dimensions, dont la partie supérieure est travaillée sur ce modèle. Quelques-unes, plus étroites, n'ont pas de subdivisions longitudinales; dans les appartements des habitations privées, elles ont souvent deux jours. Veut-on des fenêtres plus larges, on va jusqu'à leur donner cinq ou six baies, toujours du même genre. Celle-ci est à la fois très-élégante et très-simple. Mieux qu'une description, la gravure fera comprendre la forme des extrémités du *lambel* (V. le *Glossaire*, t. II) ; quelques fenêtres arquées du temps d'Édouard I, à Lincoln, présentent des exemples du même ornement. En A B, nous donnons, sur une grande échelle, certains détails des sculptures. C est une section horizontale des meneaux droits. D est le larmier courant sous la fenêtre; on en remarquera la simplicité. Les moulures de cette forme n'ont pas seulement l'avantage de rompre l'uniformité de la surface du mur; elles facilitent l'écoulement des eaux et protègent ainsi l'édifice contre les injures du temps.

PLANCHE 14. — PALAIS DE JEAN DE GAND, A LINCOLN. — FENÊTRE EN ENCORBELLEMENT (ORIEL).

Les personnes qui attachent de l'importance aux antiquités de l'architecture domestique ne manqueront pas d'apprécier ce reste d'une habitation autrefois splendide (1). On a mis un soin particulier à dessiner complète-

---

(1) Le prince Jean de Gand, ayant acquis par mariage le comté de Lincoln, s'attacha beaucoup, paraît-il, au chef-lieu de ses nouveaux domaines, et y séjourna souvent, ainsi qu'au château de Bolingbroke, qui lui appartenait également. Le château de Lincoln fut une de ses résidences officielles; mais il établit sa demeure de prédilection dans un quartier plus retiré. Cette maison fut probablement construite pour lady Catherine Swynford, à laquelle il fut attaché pendant plusieurs années, et qui finit par devenir sa femme. Elle lui survécut de 1399 à 1403, et fut enterrée dans le chœur de la cathédrale de Lincoln. L'édifice dont il s'agit a dû mériter le nom de

ment et scrupuleusement sa forme exacte et ses riches ornements : il est rare, en effet, qu'on se trouve en présence d'un spécimen aussi intéressant. Les élévations de face et de profil ne comprennent rien de plus que ce qui existe actuellement, sauf les extrémités des pinacles, qui, ayant été brisées jusqu'au niveau des feuillages intermédiaires, sont ici restaurées dans un style approprié aux autres éléments de la décoration. Il faut noter encore que les trois baies de la fenêtre, sans aucun doute jadis « bien closes de verre royal *(cloised well with roiall glass)*, » pour parler comme le vieux poëte (1), sont aujourd'hui murées, et que les plâtrages ont quelque peu altéré la pureté de leurs moulures. La console qui supporte le châssis est couverte de sculptures, et divisée, par des cordons de moulures unies, en quatre parties ou étages d'égale hauteur. Une simple figure d'ange occupe l'étage inférieur, et semble soutenir toute la construction en saillie. Immédiatement au-dessus ressortent trois mascarons ou figures, sur les trois facettes centrales, savoir : à gauche, une reine ; au milieu, un roi ; à droite, un personnage barbu ou plutôt mutilé au bas du visage. Une ceinture de larges feuilles constitue le troisième étage. Enfin, la division supérieure nous offre six figurines, sur lesquelles viennent s'appuyer les petits contreforts qui servent à garantir les angles de la fenêtre. Contre le mur, à droite, est un homme chevelu, à longue barbe, tenant d'une main un oiseau, de l'autre une branche d'arbre ; vient ensuite un ange jouant de la cithare ; puis un roi barbu ; puis un vieillard enveloppé dans un manteau ; puis un jeune homme en robe fermée ; enfin, contre le mur, à gauche, un personnage barbu ou plutôt défiguré. Au haut de la planche, on a dessiné un plan ou, si l'on veut, une coupe horizontale prise à différentes hauteurs (D, E) ; plus bas est une coupe amplifiée de la console, indiquant la projection de toutes ses moulures, exactement mesurées. Les détails suivants sont figurés sépa-

---

palais ; ses fondations et les débris qui en sont restés debout donnent une grande idée de son plan et de ses proportions. La façade du côté de la rue était encore presque entière, lorsque Buck en publia une vue en 1726 ; mais elle a été, dans la suite, entièrement transformée et dépouillée de tous ses anciens ornements, — à l'exception de la fenêtre de l'extrémité Sud, représentée sur notre planche ; il reste encore, à la façade opposée, une ou deux fenêtres décorées de bustes et de figures, percées pour faire l'office de gargouilles. A l'époque où Buck traça son dessin, les armes de France et d'Angleterre, écartelées, étaient sculptées au front de l'édifice. Le Dr Stuckely a mentionné ce large écusson dans son « *Itinerarium curiosum.* »

(1) *Old Romance of the Squire of Low Degree.*

rément, sous des lettres se rapportant aux élévations. B. Tête saillante d'une des niches pratiquées dans les baies fermées. C. Panneau (avec coupe) d'une balustrade d'appui des croisées. F. Larmier d'un contrefort. G. Décoration de la face des contreforts. H. Bouquet des pinacles. — Il est malheureusement impossible d'étudier l'intérieur de cette fenêtre d'oriel ; on en a fait un tuyau de cheminée (1).

PLANCHE 15. — FENÊTRE DU PALAIS DE JEAN DE GAND, A LINCOLN. — FENÊTRE DE L'ÉGLISE DE SOUTH CARLTON, PRÈS LINCOLN.

Le premier de ces deux spécimens appartient au même édifice qui nous a fourni le bel exemple d'oriel ci-dessus décrit. L'appartement éclairé par cette fenêtre a subi de telles modifications, qu'il serait impossible d'en déterminer même la disposition et la forme : il est situé au rez-de-chaussée, et la croisée regarde le sud ; on n'a aucun motif de croire, d'ailleurs, que cette salle ait jamais servi de chapelle. L'élévation comprend la moitié de la fenêtre, représentée telle qu'elle a dû être ; quelques-unes de ses parties, en effet, ont été rudement endommagées et brisées : on les a restaurées ici, après une soigneuse étude de ce qui est resté intact. Le jambage gauche est accosté de la coupe horizontale d'un trumeau, séparant cette fenêtre d'une autre qui a été démolie. L'encadrement des deux arcades juxtaposées venait aboutir à la tête saillante qu'on voit au-dessus de la dite coupe. Cette tête est également représentée de profil ; les traits en sont anciens : la coiffure est celle que les dames portaient dans la première partie du XVᵉ siècle, époque à laquelle on doit rapporter notre fenêtre (2).

a. Détail amplifié de la petite balustrade crénelée qui court au-dessus des jours moyens de la croisée ; ses moulures sont les mêmes à l'intérieur

---

(1) On rapprochera de ce spécimen les pl. 17, 45 et 47 du présent volume ; 7, 12 et 29 du t. II ; les pl. 1 et 2, nᵒˢ 6 et 7 (collége de Bailliol, Oxford) ; 1, nᵒ 14, fig. 1 (collége de St-Jean, *ibid.*), et 6, nᵒ 32 (collége de la Madeleine, *ibid.*), du t. I des *Types* ; *ibid.* t. II, les pl. 5, nᵒ 34 ; 11 et 12, nᵒˢ 40 et 41 (château de Thornbury, comté de Glocester) ; 1 à 4, nᵒˢ 45 à 48 ; 6 et 7, nᵒˢ 50 et 51 (Doyenné de Wells) ; t. III, les pl. 5, 6, 16 et 17 (mêmes nᵒˢ : Clos des vicaires choraux de Wells) ; 7, nᵒ 33, et 11, nᵒ 37 (manoir de Great-Chalfield, comté de Wells) ; 6, nᵒ 60 ; 8 et 9, nᵒˢ 62 et 63 (manoir de South-Wraxhall, comté de Wilts). — Sur les consoles, v. Hoffstadt, p. 117 et suiv., 424 et suiv. *(Note du traducteur.)*
(2) Cette partie du palais est certainement de construction plus récente que les autres.

qu'à l'extérieur, — *b*. Dessin également amplifié des lobes de la partie supérieure des mêmes jours. Ces détails ont presque entièrement disparu. — *c*. Sommet d'un des jours inférieurs, avec son vitrage du modèle primitif, restauré d'après quelques anciens losanges subsistant encore çà et là dans la fenêtre (1). — *d*. Un de ces *carreaux* ou losanges de verre transparent, teint en jaune, avec des lignes, etc., dessinées au bistre ; l'effet des vitraux ainsi composés devait être très-agréable, et plus en harmonie avec le caractère d'une chambre d'habitation que celui des verrières à riches couleurs et à personnages.

La seconde moitié de la planche offre encore un échantillon du même style, mais plus sobre et plus simple. De part et d'autre la partie supérieure des baies est divisée en jours de moitié moins larges que dans la partie inférieure, et dont les moulures et les arcades sont les mêmes ; les traverses qui séparent les grands des petits jours sont du même genre ; des deux côtés on a des arcs de forme et de subdivisions semblables, à cela près que là leur courbe est simple, et ici arrondie à sa naissance ; en un mot, on peut hardiment rapporter ces deux exemples à la même époque. — L'élévation à droite de la planche comporte un peu plus que la largeur de la fenêtre, composée de deux grands et de quatre petits jours.

a. Section de la petite balustrade, dont le profil est le même à l'intérieur que du côté de la façade.

Nous indiquons enfin par des hachures une coupe du jambage et deux coupes des meneaux : les moulures de ceux d'en haut se répètent sur leurs deux faces ; les autres sont restés carrés à la partie postérieure, pour permettre aux volets de bois de s'appliquer tout-à-fait exactement contre leur surface. Ces volets ne dépassaient pas la hauteur de la balustrade (2).

---

(1) Les *fleurs de lis* alignées au-dessus de ces jours inférieurs forment un ornement plein d'élégance. On peut admettre qu'elles ont été placées là en guise d'hommage au roi Henry V, à propos de ses conquêtes en France. Ce qui fortifie cette conjecture, c'est que sur le grand écu de la façade (v. la note 1, pages 41-42), qui portait, écartelées, les armes de France et celles d'Angleterre, les premières étaient figurées de la manière adoptée pour la première fois par ce prince, c'est-à-dire elles consistaient en trois fleurs de lis *seulement*.

(2) Les meneaux de la première fenêtre sont aussi carrés en dedans, jusqu'à la balustrade ; dans la pierre sont restés scellés, jusqu'à la hauteur de deux étages de jours, des crochets en fer destinés à servir de gonds aux volets. — Un examen attentif de la fenêtre de Carlton fait reconnaître qu'elle n'a pas été construite pour appartenir à une église : elle porte les caractères d'une construction privée ; elle fut transportée là, très-probablement, d'une maison adjacente, au-

PLANCHE 16. — SPÉCIMENS DE FENÊTRES RECTANGULAIRES.

Ces sortes de fenêtres conviennent aux maisons privées.

1. Le premier spécimen est tiré d'une maison de Lincoln, bâtie en pierre de taille, mais aujourd'hui dégradée. La salle éclairée par cette série de baies est lambrissée de bois de chêne, travaillé en petits panneaux carrés; on y remarque une cheminée sculptée dans le goût dit *romanesque*, qui prévalut sous le règne d'Élisabeth.

Cette fenêtre ressemble à celle d'une maison de bois située à Tunbridge, comté de Kent, et qui porte la date de 1593; elle est probablement de la même époque.

2. Fenêtre du pignon d'un édifice construit au XVᵉ siècle et contenant des greniers, des écuries et diverses chambres de service à l'usage du collége des vicaires de la cathédrale de Lincoln. (V. pl. 7.)

3. Le *Stone-Bow* ou *Arc de pierre* est une maison à porte cochère, située au coin de High-Street, dans la ville de Lincoln. Cette fenêtre appartient à l'étage supérieur, occupé par la grande salle de l'Hôtel-de-Ville. Chaque ouverture comprend deux baies, séparées par un trumeau étroit; les jours sont plus larges que de coutume, et leurs arcs sont bien dessinés.

4. Fenêtre de la dernière époque, un peu lourde, mais bien modelée.

5. Fenêtre à baie simple, remarquable par la beauté de ses proportions.

PLANCHE 17. — ORIEL A OXFORD. — DÉTAILS DE DIVERSES AUTRES FENÊTRES.

Nº 1. Partie d'une fenêtre du porche de l'église dite *Sᵗ-Pierre à l'Est*, à Oxford. — Nº 2. Fenêtre en encorbellement du collége de la Madeleine, *ibid.*, avec plan et coupes. On a projeté en avant de la façade de cet

---

trefois la résidence de la noble famille de Monson, dont les membres continuent de choisir cette localité pour leur sépulture, mais dont le manoir fut détruit au temps des guerres civiles. Il y a deux fenêtres de la même forme; elles éclairaient une aile aujourd'hui démolie. Nous nous sommes laissé aller à des détails minutieux dans ce paragraphe, parce que les spécimens d'architecture domestique sont rares, et qu'on ne se rend pas assez compte de l'intérêt qu'ils présentent.

édifice deux ou trois fenêtres de ce genre, afin de donner plus de lumière aux appartements. Celle-ci, à en juger par son style, doit remonter à la première moitié du XVIe siècle. — No 3. Fenêtre de l'église du Christ, *ibid.*, d'un modèle assez singulier. — No 4. Fenêtre arquée, du collége du Christ. — No 5. Fenêtre arquée, de l'église de la Madeleine. On comparera ces deux derniers spécimens à ceux de la planche 16 du tome II. — Les coupes sont indiquées par des lettres de rappel.

PLANCHES 18 ET 19. — CONTREFORTS (A OXFORD).

Les planches désignent les édifices auxquels ces détails sont empruntés; la concordance des plans et des élévations est marquée par des lettres (1).

PLANCHE 20. — CATHÉDRALE D'YORK : COTÉ S. DE LA NEF ; PARTIE INFÉRIEURE D'UN PINACLE.

Cette planche et la suivante sont consacrées à un beau spécimen du style du XIVe siècle, dans sa première période de développement, sous Édouard II au plus tard (2). Elles représentent un des sveltes pinacles qui se dressent au-dessus de chacun des contreforts de la cathédrale d'York, au côté sud de la nef. A gauche, pl. 20, est l'élévation du corps du contrefort même, prise à la hauteur du parapet du bas-côté, dont la coupe est indiquée au pied du dessin (3). Le pinacle est vu du côté occidental, avec son tabernacle ouvert pour une statue, qui y est attachée, tournant le dos à l'édifice. A côté se trouve l'élévation du dais de ce tabernacle, prise de face. On a tracé les plans de ses petits piédroits ; l'un d'eux est

---

(1) On trouvera d'utiles renseignements sur le dessin des contreforts et sur leur construction dans Viollet-Leduc, vo *Arc-boutant, Contrefort*, etc., et dans Hoffstadt, p. 223 et suiv.
(*Note du traducteur.*)
(2) Le vaisseau de la cathédrale d'York fut rebâti entre les années 1291 et 1330; mais quelques-uns de ses ornements extérieurs, les parapets en particulier, sont d'un style plus récent. V. les *Antiquités architecturales* de Britton : la pl. XVIII des illustrations de cette église contient l'élévation de tout le contrefort qui porte les pinacles ici représentés par parties.
(3) L'élévation totale du contrefort et du pinacle mesure 101 pieds. Nous avons supprimé le corps du pinacle, eu égard à la dimension de la planche, pour ne pas être obligé de réduire trop considérablement notre échelle.

répété, en P, sur une échelle plus large. La forme intérieure de la niche, l'arc et les nervures de sa voûte sont aussi indiqués par des lignes. — En J est le profil d'un jambage des panneaux latéraux du pinacle. — K. L. M. N se rapportent à des coupes horizontales des ornements; on y voit à quelles formes les matériaux doivent d'abord être réduits, avant d'être découpés en feuillages. — O. Section prise au coin de l'une des petites aiguilles du tabernacle, avec indication des dimensions, de la position des crochets, etc.

PLANCHE 21. — PARTIE SUPÉRIEURE DU MÊME PINACLE.

A gauche est dessinée l'élévation de l'étage supérieur du pinacle. Un des angles de la coupe horizontale, prise en G, est reproduit sur une grande échelle, dans les contours extérieurs du tracé ombré qui embrasse les deux tiers de la gravure. — A. Coupe du bouquet, avec la projection de ses différentes parties. — B. Corniche terminale de l'aiguille. — C. Coupe de l'aiguille, prise vers le milieu de sa hauteur, avec indication des détails. — Coupe de l'amortissement du pignon, prise comme en A, et marquant la position des trois séries de crochets, chacune de trois. — La lettre E indique encore la corniche du même amortissement. En D est le plan du bouquet. — Ces sortes de *dissections* sont bien connues des hommes de l'art; c'est pour leur être utile qu'on les a pratiquées ici. — F. Coupe de la corniche du petit gable à crochets. — H est la coupe horizontale d'un bouquet désigné par cette lettre à la planche 20. — I. Corniche terminale, *ibid.*

PLANCHE 22. — PLANS DE MENEAUX DE FENÊTRES, DES CATHÉDRALES D'YORK ET DE BEVERLEY.

Ces plans sont réduits à un quart des dimensions originales. — YORK (1): Nos 2 et 3. Meneau large et autre plus mince d'une fenêtre au haut de la

---

(1) V. les *Cathedral antiquities of England*, déjà citées: l'intéressante cathédrale d'York, la plus grande église de l'Angleterre après St-Paul de Londres, y occupe 34 planches. On en trouvera une description sommaire, avec quelques dessins, dans Wiebeking, t. IV, p. 112-113.
(Note du traducteur.)

grande nef; 4. Meneau d'une fenêtre des bas-côtés, aile méridionale; 5. Profil des moulures ramifiées à l'intérieur de l'arcade, *ibid.*; 6. Meneau d'une fenêtre de l'allée conduisant à la maison chapitrale; 8 et 9. Meneaux d'une fenêtre de la maison chapitrale; 10. Nervure des voûtes de la grande nef. — BEVERLEY: 11 et 12. Corniche de l'écran placé derrière l'autel; 13 et 14. Meneau large et autre plus étroit, d'une fenêtre du côté septentrional de la nef.

PLANCHE 23. — CONSOLES ET PIÉDESTAUX DE WESTMINSTER, ETC.

N° 1. Piédestal d'une niche octogone, dans la chapelle de Henry VII; 2. Une console de la chapelle de St-Nicolas, abbaye de Westminster; 3. *Id.* du palais épiscopal de Lincoln; on y remarque les armoiries de l'évêque Alnwick, dont il a été question à propos de la planche 9; 4. Un piédestal de la façade septentrionale de Westminster-Hall; 5. *Id.* de la chapelle de St-Edmond, à Westminster; 6 et 7. Tombeau de Henry V, *ibid.:* console et dais; 8. Un piédestal de la chapelle de l'évêque Flemyng, à Lincoln; 9. *Id.* de la cathédrale de Norwich.

PLANCHE 24. — PINACLES ET TOURELLE.

N° 1. Pinacle avec niche et statue; élévation et plan, avec une partie de la balustrade à jours: collége de la Madeleine, à Oxford. — N° 2. Tourelle d'escalier, octogone, avec pinacle, à la tour du même collége. Le superbe clocher du collége de la Madeleine est un des plus remarquables monuments d'Oxford. Il fut terminé en 1498. A chacun de ses quatre angles s'élève une tourelle octogone, surmontée d'une pyramide à crochets; entre ces tourelles se dressent quatre pinacles, dont chacun porte un tabernacle s'ouvrant à l'extérieur et contenant une statue debout; les galeries sont des dentelles de pierre; l'ensemble est du plus noble et du plus agréable effet. La planche 25 donne le dessin d'une partie des balustrades. — N° 3. Pinacle ornementé, avec parapet, au Collége des Ames, à Oxford (1).

---

(1) Les *Types d'architecture gothique*, par A. W. Pugin et E. J. Willson (trad. par M. H. DELOBEL, Paris et Liége, E. Noblet, 3 vol. in-4°), contiennent, t. I, des notices explicites sur le *Collége de la Madeleine* et sur le *Collége des Ames*, resp. p. 24 et suiv. et p. 20 et suiv. Plusieurs planches exécutées avec le plus grand soin sont en outre consacrées à ces intéressants édifices (n°s 17 à 26, n°s 1 à 13). *(Note du traducteur.)*

PLANCHE 25. — PARAPETS ET BALUSTRADES, A OXFORD, ETC.

A côté de chaque spécimen est dessinée sa coupe verticale. La planche indique les noms des édifices auxquels on a fait des emprunts. — Le n° 2 est composé d'éléments appartenant à différents âges. Les têtes et la petite arcature qu'elles supportent remontent au temps de la construction du vaisseau de l'église. Le parapet qui court au-dessus fait partie des embellissements considérables que reçut l'ancienne construction dans le courant du XVe siècle.

PLANCHE 26. — FONTS BAPTISMAUX DE L'ÉGLISE Ste-MARIE A LINCOLN (1).

On trouvera bien conçu et bien disposé le dessin de ces fonts, qui n'ont du reste aucune prétention à l'élégance ou à la richesse. Dans quelques spécimens du même âge et du même style, les fonts ont des couvercles pyramidaux ou dais de bois (2) très-élevés, travaillés en forme de pinacles et découpés à jour. Les *Vetusta monumenta* en font connaître deux dont la hauteur est peu commune (3). La cuve ici représentée a perdu son couvercle. La planche donne l'élévation, la coupe verticale et la moitié du plan d'ensemble. En A est le détail de l'un des petits contreforts, avec la coupe correspondante; les contreforts s'arrêtent brusquement au niveau des bords de la cuve, les pinacles du couvercle étant censés leur servir de prolongement. — B. Profil des moulures de la base. — Les huit faces du vase octogone sont sculptées comme celles qu'on voit sur la gravure (4).

---

(1) La date précise de ces fonts est inconnue; un examen plus attentif nous a fait prendre la résolution de biffer le chiffre 1340, inscrit sur la gravure de la première édition, et d'attribuer ce petit monument au XVe siècle. Un des écus latéraux, *bandé de sept pièces* (Cf. Viollet-Leduc, *Dict. d'archit.*, t. I, p. 478), porte probablement les armes du donateur; les autres sont simples.

(2) Ou de bronze. V. Schayes, *ouv. cité*, et la dernière note concernant la pl. 26.
(Note du traducteur.)

(3) Vol. III, pl. XXV. Divers modèles de fonts ont été publiés dans l'*Archiologia*, vol. XVI.

(4) Nous renvoyons le lecteur à l'excellent travail de M. de Caumont sur la classification des fonts baptismaux, t. VI du *Cours d'antiquités monumentales*, p. 1 à 112. Les pl. LXXXVII à XCI offrent une grande variété de fonts, rangés chronologiquement; de plus, un tableau de leurs

PLANCHE 27. — ÉCRAN (1) EN PIERRE, A LA CATHÉDRALE DE LINCOLN (1340).

L'écran auquel cette planche est consacrée est placé vis-à-vis d'une des divisions des bas-côtés, à la paroi orientale du transsept de la cathédrale de Lincoln. Il y a trois de ces écrans à chaque bras de la croix, ou, si l'on veut, dans chacune des deux parties du transsept; à chacun d'eux correspondait autrefois un autel. Les autres écrans sont en bois : celui-ci est exécuté en pierre. La planche donne l'élévation de sa partie centrale ; le reste est suffisamment indiqué, le dessin ne se modifiant pas jusqu'aux deux extrémités. La coupe indique l'épaisseur des différentes divisions de cette élévation, dont on remarquera la légèreté et l'heureux agencement. Quant aux détails, nous avons donné en A. l'amortissement d'un petit contrefort joignant la porte, — avec une coupe; en B., la coupe d'une moulure de la base; en C., le couronnement de l'un des petits pinacles

---

transformations successives occupe les pages 107-111. Les fonts *romans* présentent des formes très-variées (v. notamment, à la pl. LXXXIII, les nᵒˢ 1, 6, 7, 8 et 55. Le nᵒ 1 représente des fonts de la cathédrale de Lincoln); la Belgique en possède plusieurs en cuivre de fonte *(dinanderies*, du nom de la ville de Dinant-sur-Meuse, célèbre au moyen-âge par ses ouvrages en cuivre), offrant d'autant plus d'intérêt qu'on ne paraît pas jusqu'ici en avoir trouvé de semblables dans d'autres pays (v. Didron, *Ann. Archéol.*, t. V et VIII; Schaepkens, *Trésor de l'art au moyen-âge en Belgique* ; Schayes, *Hist. de l'arch.*, époque romane, etc.; et le *Messager des sciences hist.* de Gand). A partir du XIVᵉ siècle, au milieu de la pleine vogue du style ogival, les fonts octogones portés par un seul pédicule deviennent ordinaires; le pédicule est plus ou moins cantonné de colonnettes, et les panneaux du piédestal sont décorés d'ogives. L'intérieur de la cuve, ajoutent MM. de Caumont et Schayes, est parfois octogone comme l'extérieur, tandis qu'au siècle précédent il était constamment rond. On faisait mouvoir le couvercle pyramidal au moyen de barres de fer qui étaient attachées à un pivot fixé le long du mur voisin (id., *ibid.*); nous citerons surtout les fonts de Hal, en Brabant (1444); cf. la planche XC de M. de Caumont, nᵒ 3). A l'époque de la Renaissance, ces monuments deviennent complètement insignifiants; les anciens fonts, dans beaucoup d'églises, ne furent pas même respectés. M. de Caumont ne peut contenir sa légitime indignation : « La plupart de ces destructions, dit-il, ont lieu pour deux motifs : tantôt sous prétexte d'embellir l'église en substituant le marbre poli à la pierre ciselée; tantôt pour gagner sur la place occupée par les anciens fonts l'espace nécessaire pour placer un banc dont le loyer rapporte annuellement 30 à 40 sous à la fabrique!! » — L'histoire des bénitiers mériterait d'être étudiée en regard de celle des fonts baptismaux. Nous espérons que M. Viollet-Leduc, lorsqu'il traitera des *ustensiles* à l'usage du culte, s'occupera *in extenso* des bénitiers portatifs, qu'il a entièrement laissés de côté, avec intention, dans son article du t. II, p. 200 et suiv. — Le *Bulletin monumental* est plein de renseignements précieux.

(*Note du traducteur.*)

(1) V. les *Antiquités architecturales de la Normandie*, page 17. (*Note du traducteur.*)

de l'étage inférieur de la façade; en D., une petite corniche de la partie supérieure, ornée de têtes de clous en forme de fleurs.

On ne connaît pas exactement la date à laquelle remonte ce spécimen; cependant on a deux moyens d'en déterminer l'âge : d'abord le style des ornements; ensuite l'écu placé au pied de la niche supérieure, et portant, écartelés, le blason de la vieille France et celui de l'Angleterre, dans la forme adoptée par Édouard III, lorsqu'il prit, en 1338, le titre de roi de France (1). Les autres écus, qui décorent à profusion les parties élevées de l'écran, ne sont point armoriés. Sur l'intrados de l'arcade de la porte on lit cette inscription, gravée avec quelques abréviations : « Oremus pro Benefactoribus istius Ecclesiæ »; c'est une allusion aux conditions de la dotation de cette chapelle, consistant dans l'obligation de dire des prières pour les bienfaiteurs de l'église, pour les vivants et pour les morts. Les quatre statuettes agenouillées sur les impostes représentent les chapelains desservant la chantrerie de l'œuvre (the works chauntry), comme on disait; elles sont malheureusement mutilées et acéphales. Le fronton de l'arcade est occupé par une figure d'évêque en grand costume pontifical. Les trois niches qui surmontent cette partie centrale de l'écran contenaient sans aucun doute des statues; on doit admettre aussi que les parapets latéraux en supportaient d'autres de plus petite dimension, disposées par couples; mais de tous ces ornements faciles à enlever, il ne reste pas même aujourd'hui un fragment (2).

PLANCHE 28. — VARIÉTÉ DE PANNEAUX.

N° 1. De la chapelle de St-Érasme, dans l'église de l'abbaye de Westminster; 2. De la chapelle de St-Paul, ibid.; 3. D'une porte extérieure, à la façade septentrionale de Westminster-Hall; 4, 5, 6, 8, 16. De la chapelle de Henry VII; 7. Du tombeau de Henry V, à Westminster-Abbey; 9, 10, 11, 15. De la

---

(1) Charles VI réduisit les armes de France à trois *fleurs de lis*; son exemple fut imité par le roi d'Angleterre Henry V (v. ci-dessus la 2e note de la description de la pl. 15).

(2) Comp. divers spécimens d'écrans pl. 55 de ce volume, et tome II, pl. 37 et 53; Types, t. I, pl. 42, et t. III, pl. 43 et 44, 51 et 52. — V. les *Antiq. archit. de la Normandie*, p. 17, etc.

(Note du traducteur.)

chapelle de l'évêque Longland, dans la cathédrale de Lincoln ; 17. De la cathédrale de Norwich ; 12, 13, 14. Du tombeau de sir James Hobart (époque de Henry VII), dans la nef de la cathédrale de Norwich.

PLANCHE 29. — TYMPANS, A WESTMINSTER.

Les nᵒˢ 1, 2, 4, 6, 7, 9, 10 appartiennent à la chapelle de Henry VII ; les nᵒˢ 3, 5, 8, à l'église de l'Abbaye.

PLANCHE 30. — VOUTAGE ET NERVURES A L'ABBAYE DE WESTMINSTER, ETC.

La planche indique les centres et rend compte du tracé des arcs. — Nᵒ 1. Vue horizontale et vue perspective de la quatrième partie d'un compartiment, ou d'une section (Severy, V. le *Glossaire*, t. II) de plafond voûté, prise dans les cloîtres, du côté méridional ; solution du problème de la recherche des centres de chaque nervure. Le centre de tous les arcs ou des portions d'arcs se trouve sur la ligne de sommités. Le point L est le centre de l'arc MH. La hauteur $FH = RH$, $QG = UO$, $DK = WV$, $SM = CM$; des centres N, Z, T, D, on décrit respectivement les arcs EH, EG, KX et MK. — Nᵒ 2. Quart de compartiment de la voûte d'une aile de la chapelle de Henry VII, à Westminster, pris horizontalement et en coupe verticale. — Nᵒ 3. Voûte sous la sacristie de la cathédrale de Lincoln. Les arcs de cette crypte sont à plein cintre. — Nᵒ 4. Clef de voûte (1) au centre d'une travée de la nef de la cathédrale de Lincoln. — Le feuillage est en haut relief et profondément fouillé.

PLANCHE 31. — CHAPELLE DE L'ÉVÊQUE FLEMYNG (CATHÉDRALE DE LINCOLN).

Les spécimens détaillés dans cette planche font partie de la chantrerie annexée à l'aile septentrionale de la cathédrale de Lincoln, vers l'extré-

---

(1) V. l'excellent article *Clef d'ogive*, au t. III du *Dictionnaire* de M. Viollet-Leduc.
(*Note du traducteur.*)

mité E. Cette construction est en réalité un monument funéraire, portant le nom du prélat à la mémoire duquel il est consacré (1). C'est une petite chapelle, rappelant par sa situation celles qui sont placées entre les contreforts de l'église ou chapelle de *King's College*, à Cambridge. Comme ces dernières, elle est bornée dans sa longueur par deux contreforts du grand édifice dont elle fait partie, et sa hauteur est arrêtée par une des fenêtres de l'église, ouverte au-dessus. Une étroite entrée, très-élégamment décorée, la met en communication avec l'intérieur du temple : la tombe du fondateur se trouve sous une voûte surbaissée. L'effigie du prélat repose sur le sarcophage, revêtue des ornements pontificaux ; plus bas est représenté un cadavre en décomposition, enveloppé dans les plis d'un linceul (2).

L'élévation, du côté gauche de la planche, comprend la moitié d'une des travées, au nombre de trois sur la façade : on voit, au retour de l'angle, la projection des contreforts. Cette façade est d'un aspect vraiment agréable : point de décoration tourmentée ; un tout bien harmonieux, bien agencé, de belles proportions. Le tabernacle ou la niche qui s'ouvre extérieurement au-dessus de chaque contrefort est tout ce qu'il y a de plus délicatement ornementé. On en a donné séparément les détails, sur une échelle plus grande que celle de l'élévation. Les statues ont entièrement disparu.

DÉTAILS : — *f.* Plan d'un piédroit des fenêtres. — *g.* Plan d'un meneau, *id.* — *b.* Élévation de la base et du dais d'une des niches ; au-dessous, plan de la même niche. Coupe verticale de la dite niche, dans toute sa hauteur. — *h.* Portion du parapet crénelé, avec une coupe. — *e.* Coupe d'une console, dans la niche. — *a.* Profil de l'appui en larmier de la fenêtre, avec la corniche qui le supporte. — *c. d.* Base et chapiteau des colonnettes latérales des tabernacles. — *i.* Partie du plan.

---

(1) Richard Flemyng fut nommé évêque de Lincoln en 1420; il mourut en 1430. Le Dr Robert Flemyng, son parent, fut doyen de la cathédrale de cette ville de 1451 à 1483, et fit don de quelques sommes d'argent à la chapelle dont il s'agit ; mais, selon toute apparence, le tombeau de l'évêque est antérieur à ces donations.

(2) Ce rappel à la fragilité de notre vie terrestre a donné lieu à une naïve légende sur la mort de l'évêque, arrivée à la suite d'un jeûne trop rigoureux ; mais la même représentation se retrouve dans diverses églises, tant en Angleterre qu'en France (*a*).

(*a*) Nous citerons entre autres, en Belgique, un tombeau sans inscription, du style de la Renaissance, délicatement sculpté, aujourd'hui déposé dans une des salles du Musée archéologique de la province de Liége.

(*Note du traducteur.*)

PLANCHES 32, 33, 34, 35. — WESTMINSTER-HALL.

On croit assez communément que Westminster-Hall n'a été destiné qu'à servir aux délibérations d'une Cour de justice; c'est une erreur : la Cour d'Angleterre y donnait jadis ses grands festins (1). Guillaume-le-Roux l'éleva (2) dans ce but (en 1097 et 1098); mais trois siècles plus tard il fut rebâti par Richard II, et achevé en 1399 : le roi y célébra, cette même année, les fêtes de Noël par des banquets d'un luxe et d'une profusion extraordinaires (3) : on ne porte pas à moins de dix mille le nombre des conviés de chaque jour.

A l'exception de la façade principale, tournée vers le nord et ornée d'un portail richement travaillé, avec un grand nombre de niches (4) et de

---

(1) On y célèbre encore les fêtes du couronnement des rois.   (Note du traducteur.)

(2) Les parties inférieures des murs de côté sont des restes de l'édifice primitif, dont les combles étaient probablement soutenus par deux rangées de piliers; on n'était pas capable, à cette époque, d'élever dans les airs une couverture d'une si immense largeur, sans ressources de supports extraordinaires. La grande salle du palais épiscopal de Lincoln était aussi partagée dans sa longueur par deux séries d'arcades de pierres, avec des colonnes de marbre de Purbeck; elle datait du règne de Richard I. A l'ancien palais royal d'Eltham, comté de Kent, on remarque un *hall* ressemblant à celui de Westminster, mais beaucoup plus étroit. Dans l'âge suivant, on élargit l'angle du faîte : le plus beau spécimen de ces combles surbaissés est la couverture du réfectoire bâti par le cardinal Wolsey pour son collége (Wiebeking en a donné l'élévation, pl. 152, Cf. t. IV, p. 125). Le *hall* du palais de Hampton-Court (V. t II des *Motifs*, etc., pl. 8 et 9), a des combles très-escarpés, mais tronqués horizontalement avant leur ligne de rencontre, forme qui a l'avantage d'agrandir l'espace intérieur, sans atteindre une hauteur extravagante. Les décorations de ces combles sont les plus fleuries de tout le royaume. Ceux de *Middle-Temple* (à Londres), datant du règne d'Élisabeth, sont d'ancien style, mais on les a terminés dans le goût romain. On peut encore citer les combles du *hall* du palais Lambeth, élevés sous Charles II à l'imitation de ceux de Westminster : c'est un bel ouvrage, mais défiguré, comme à la grande salle du Temple, par des ornements faisant disparate.

(3) La magnificence de Richard II est bien connue. « Sa maison, dit Hume, se composait de dix mille personnes; il y en avait trois cents dans les cuisines; et tous les autres offices étaient remplis dans la même proportion. Il est à remarquer que cette suite énorme avait des tables fournies aux frais du roi, suivant l'usage de ce siècle. Une telle prodigalité devait être la source de beaucoup d'exactions de la part des pourvoyeurs, et fut un des principaux motifs des mécontentements publics. » — Le banquet du couronnement de George IV, donné dans Westminster-Hall, peut être mis en parallèle avec celui de Richard II; mais ces détails seraient déplacés ici.
                                                                    (Note du traducteur.)

(4) V. Wiebeking, t. IV, p. 119, et pl. XXVI, l'élévation de cette façade.
                                                                    (Note du traducteur.)

statues, Westminster-Hall offre peu de beautés extérieures (1). L'élévation de ses combles leur donne quelque chose des proportions démesurées d'une couverture de grange; mais bien que de mesquines ardoises aient remplacé le revêtement de plomb des pans du toit, on ne saurait lui contester l'air de grandeur que lui donnent ses dimensions mêmes. Au surplus, l'intérieur, en fait d'élégance, rachète amplement ce que le dehors aurait laissé à désirer. L'œil y embrasse d'un seul regard l'étendue d'un vaisseau de cathédrale dont aucun pilier ne soutiendrait la voûte; le spectateur compétent admire la complication de cette charpente si habilement disposée, où la légèreté, la solidité et la richesse d'ornementation sont combinées de la manière la plus heureuse. Le présent ouvrage n'abordant l'étude des formes de l'art ancien que pour servir à ceux qui veulent les imiter, doit s'interdire ici une description générale: à d'autres reviendra la tâche plus brillante de reproduire le magique aspect de Westminster-Hall. Deux de nos planches sont simplement consacrées aux dessins géométriques des parties principales de la charpente, qui mérite surtout d'être appelée un chef-d'œuvre; les deux autres contiennent des élévations de fenêtres, et quelques autres détails intéressants. L'angle du toit répond à ce que les ouvriers de la campagne ont coutume de désigner sous le nom de *faîte ordinaire*, c'est-à-dire que la longueur des chevrons est à peu près des trois quarts de leur écartement à la base. Le premier trait caractéristique de cette construction est l'absence d'entraits ou de solives transversales appuyant leurs extrémités sur les murs latéraux, ce qui impose nécessairement certaines limites au développement, en largeur, des charpentes communes. Pour résister à la pression latérale, nous trouvons ici des fermes-maîtresses s'élevant, de distance en distance, à environ 18 pieds (5m,75) l'une de l'autre dans toute la longueur de l'édifice (2). Les blochets de ces fermes-maîtresses sont portés par de grandes potences adossées aux parties solides des murs, entre les fenêtres, dont les trumeaux sont fortifiés sur

---

(1) La grande salle de Westminster est restée ce qu'elle était, et tout ce qu'elle offrait de remarquable, au-dehors comme au-dedans, a été conservé; mais depuis l'exécution du magnifique plan de M. Barry, elle ne forme plus qu'un seul édifice avec les deux Chambres du Parlement et les Cours de la loi. Elle a 270 pieds de longueur, 74 de largeur, 90 pieds de hauteur. — La restauration de la façade septentrionale date de 1820.   *(Note du traducteur.)*
(2) Il y a, entre fermes, onze chevrons.

ces points, à l'extérieur, par des arcs-boutants. Chaque ferme comprend une large arcade, s'élançant de corbeaux de pierre qui saillent des murs à 21 pieds au-dessous de la ligne de base des combles, et à peu près à la même hauteur au-dessus du parquet. Les nervures de cette arcade viennent s'enchâsser, à la pointe de l'ogive, dans l'entrait retroussé (d'une seule pièce) qui va s'assembler lui-même, à ses deux bouts, dans les arbalétriers de la ferme. La grande arcade en renferme une autre plus étroite, naissant au niveau de la ligne de base du toit. Cette seconde arcade porte sur les blochets, maintenus eux-mêmes horizontaux par les liens courbes des grandes potences mentionnées tout à l'heure, lesquels liens partent, comme on sait, des impostes de l'arcade principale. Ce système de construction donne à chaque ferme l'office d'un triangle rigide et homogène; de plus, en plaçant les corbeaux de pierre ou les impostes beaucoup au-dessous du niveau supérieur des murs, on a obtenu plus de solidité; d'ailleurs les claires-voies en bois qui remplissent tous les vides entre les pièces principales contribuent à maintenir l'équilibre du poids et des pressions, et à conserver aux courbes toute leur pureté: aussi l'ensemble de cette magnifique structure, après plus de quatre siècles, offre-t-il la même sécurité que le premier jour (1). — Notre brève analyse de ce merveilleux ouvrage rendra, nous l'espérons, les planches ci-jointes intelligibles, même aux personnes peu versées dans l'architecture pratique : dans les descriptions verbales des monuments, ce nous semble, on ne saurait trop viser à la clarté et à la précision; l'écrivain est seul à être satisfait de son œuvre, s'il n'est parvenu à offrir à son lecteur que les formules banales d'une admiration vague et non rationnellement justifiée.

PLANCHE 32. — Section transversale d'une moitié du toit, présentant une des maîtresses-fermes dans toute son élévation. Les principes de la construction ayant été exposés ci-dessus, il suffira de donner ici la signification des lettres. — A. Grandes courbes moises ou grande arcade s'enchâssant

---

(1) Nous avons profité, pour donner à cette description le plus de clarté possible, tout en traduisant fidèlement le texte anglais, des dessins et de l'examen des combles de Westminster-Hall que M. Viollet-Leduc a inséré, dans son grand *Dictionnaire*, à l'article *Charpente*, t. III, p. 41-45. Nous renvoyons le lecteur à cet article, où l'auteur s'est livré à des comparaisons instructives et intéressantes. (*Note du traducteur.*)

au sommet dans la partie centrale de l'entrait retroussé, *d* (1). — F. Lien courbe partant du corbeau et se détachant des nervures de la grande arcade pour aller se terminer, à l'extrémité du blochet, par une figure d'ange, servant elle-même de base au poteau E et de point de départ à l'arcade intérieure. — E. Poteau vertical ou *queen-post* (2) assemblé à son pied sur l'extrémité du blochet, et aboutissant, à son sommet, au point même de l'arbalétrier ou chevron principal, où vient finir et s'engager l'entrait retroussé *d*. — H. Arcs-boutants.

DÉTAILS : — A. A. Coupes des poteaux et des grandes courbes moises, prises à leur jonction. — E. Coupe des nervures de l'arcade intérieure. — F. Coupe de la grande arcade vers sa naissance. — A droite, au bas de la planche, coupe de l'arc-boutant, prise sur la ligne H. H. — *b*. Dessin d'un compartiment des claires-voies entre les grandes pièces. N. B. Ces sculptures d'*écran* sont un des plus beaux ornements des combles de Westminster-Hall. — *g*. Sculptures à jours d'un tympan d'arcade, etc.

PLANCHE 33. — Coupe longitudinale d'une travée des combles, surmontant une fenêtre, etc., (3). Ce dessin, rapproché du précédent, fera comprendre l'ensemble de la construction du toit. Nous voyons ici la hauteur totale de la charpente partagée en trois divisions ou étages. La section inférieure s'élance des corbeaux de pierre en projecture sur la corniche qui court sous les fenêtres, et elle s'élève jusqu'au niveau supérieur des murs. La région moyenne atteint la moitié de la hauteur des chevrons, c'est-à-dire le point culminant des arcades et des diverses pièces ornementées. On a hachuré l'étage supérieur, dont les détails ne peuvent guère être aperçus d'en bas. Les fenêtres de l'étage moyen, travaillées en bois, ne faisaient

---

(1) Dans les vieux documents, et actuellement encore chez les charpentiers rustiques, cette pièce porte le nom de *wind-beam* ou solive du vent, parce qu'elle sert à protéger les toits aigus contre l'effort des vents violents. *

(2) Les charpentiers anglais appellent *king-post* (poteau du roi) le poinçon qui s'élève jusqu'au faîte d'un toit, et *queen-post* (poteaux de la reine) les poteaux latéraux ou jambettes « qui viennent reporter une partie de la charge des arbalétriers ou chevrons sur l'extrémité intérieure des blochets et donnent de l'empattement aux grandes pièces inclinées. » (Viollet-Leduc, t. III, p. 11, etc.)

(3) Le mot *travée (bay)* indique ici l'espace compris entre deux fermes-maîtresses. Dans les anciennes descriptions, on caractérise les édifices par le nombre de leurs travées.

* Nous appellerons l'attention sur les goussets qui réunissent l'entrait retroussé à la panne, aussi dans le but d'empêcher le hiement des fermes et des chevrons. « On appelle *hiement*, en termes de charpenterie, le mouvement que l'effort du vent imprime aux fermes et chevrons. » (Viollet-Leduc, *l. c.*) *(Note du traducteur.)*

probablement point partie du dessin primitif (1); elles n'en sont pas moins d'un bon effet, ayant pour avantage de faire pénétrer plus de lumière à l'intérieur; avantage d'autant plus important, que plusieurs des fenêtres ouvertes au-dessous ayant été murées par suite de constructions modernes adossées aux parois de l'édifice, les parties supérieures de la salle avaient été plongées dans une complète obscurité.

DÉTAILS : — *a. b.* — *a. b.* Élévations de face (B) et de côté (C) de la tête et de la base latérales (perpendiculaires aux murs) du poteau dit *queen-post.* (V. ci-dessus.) Cette espèce de pilastre ressemble à une mince tourelle, et forme une très-jolie décoration.

D. Profil d'une des figures d'anges qui servent d'ornement aux blochets.

E. La même figure vue de face. — Rien n'est plus frappant que ces figures dans la décoration des combles; elles sont d'un effet à la fois hardi et gracieux, soit qu'on considère chacune en elle-même, ou que l'œil suive leur alignement en perspective. Chacune d'elles tient un large écu portant, écartelées, les armes de France et celles d'Angleterre (le blason du royal fondateur).

Découpures d'un tympan.

G. H. Sculptures aux extrémités du *lambel* d'une fenêtre. Elles représentent un animal prenant l'attitude du repos, et une tête de vieillard en capuchon, regardant par-dessus : quelque allusion, sans doute, à une légende de saint. Le même sujet est répété dans différentes parties de la salle.

PLANCHE 34. — A. Élévation extérieure, et B. Coupe de la grande fenêtre qui surmonte l'entrée de Westminster-Hall, avec son plan, D. D.

Le noble spécimen que nous avons sous les yeux appartient à l'époque où un nouveau système d'ornementation commençait à remplacer les ramifications des meneaux qui caractérisent les grandes fenêtres du XIVe siècle (2). Ici les deux ogives intérieures sont séparées par deux meneaux perpendiculaires, s'élevant parallèlement jusqu'à leur intersection avec l'arcade de

---

(1) On remarque des fenêtres du même genre, ouvertes au-dessus des murs, dans la salle de St-Georges, au château de Windsor. Les combles ainsi que tout l'intérieur de ce *hall* ont été *modernisés* par le roi Charles II; mais on en possède une vue, exempte de ces altérations, dans l'*Histoire de l'Ordre de la Jarretière*, d'Ashmole.

(2) Cons. Bloxam, p. 127 et suiv.   (*Note du traducteur.*)

la grande baie (1). La fenêtre est ainsi divisée, dans sa largeur, en trois sections principales, lesquelles, à leur tour, comprennent chacune trois subdivisions. La disposition de ses jours a été imitée dans quelques-unes des fenêtres les plus importantes du siècle suivant, lorsque les arcs surbaissés obtinrent la vogue. Aux extrémités du *lambel* sont des sculptures représentant le cerf avec un collier et une chaîne, — signe particulier du roi Richard II.

PLANCHE 35. — A. Élévation intérieure d'une fenêtre latérale, à Westminster-Hall.

D. Plan de la même fenêtre, avec son meneau, représentée à part, en B, sur une plus grande échelle.

C. Coupe verticale de la dite fenêtre.

a. Élévation des piédroits, en forme de bases de colonnes, à l'intérieur. Au-dessous, plan des dites bases.

G. H. Vues de face et de profil d'un des morceaux de sculpture qui terminent le *lambel*. Il représente l'insigne du fondateur, le cerf blanc, qu'on retrouve sur la grande fenêtre du nord et dans d'autres parties de l'édifice; mais le mauvais goût s'est avisé d'ajouter, au présent détail, des palissades en guise de clôture de parc, lesquelles, placées au-dessous de l'animal, paraissent lui servir de support.

J. K. Élévations, l'une prise de face, l'autre latéralement, d'un des corbeaux de pierre d'où s'élancent les arcs de la charpente. Les armoiries, supportées par deux cerfs, sont celles qu'on attribue à Édouard-le-Confesseur. Richard II les adopta, en les joignant quelquefois à celles de France et d'Angleterre, en mémoire de son saint prédécesseur. On a établi sous chacun de ces

---

(1) La grande *fenêtre occidentale* de la cathédrale d'York mérite une mention spéciale pour le beau dessin de ses meneaux contournés; cependant celle qui s'ouvre *à l'Est* de la cathédrale de Carlisle l'emporte sous ce rapport, et l'on peut dire que dans son genre elle n'a pas d'égale dans tout le royaume. La *fenêtre occidentale* de Durham est loin d'être sans mérite; à Lincoln, on remarque aussi une rose de toute magnificence, dont les meneaux affectent la disposition des nervures d'une feuille. — La plus belle fenêtre du monde, dans le style de celle de notre planche 34, est sans contredit la *fenêtre orientale* de la cathédrale d'York. La *fenêtre orientale* de la cathédrale de Beverley a de très-beaux ornements analogues; on peut en dire autant de l'intérieur des baies surbaissées de la chapelle St-Georges, à Windsor; de celle de *King's College*, à Cambridge, etc. — V. Britton, *Architectural Antiquities*, et *Cathedral Antiquities*. — Sur le terme *perpendiculaire*, v. la note de la pl. 12 de ce volume, et l'introduction du t. II.

corbeaux une sorte de pilastre ou de demi-colonne : on a, en même temps, renforcé l'épaisseur des murs. Ces additions datent de 1781, époque où l'on fit quelques réparations à la charpente, etc. Plusieurs hommes de science en ont révoqué la nécessité en doute ; bien certainement elles déforment l'édifice, et, si elles ne sont pas indispensables, il serait à désirer qu'on les supprimât. — La façade septentrionale de Westminster-Hall a subi une restauration complète : toute sa superficie a été renouvelée et tous les ornements en ont été rajeunis.

PLANCHE 36. — FLÈCHE DE L'ÉGLISE Ste-MARIE, A OXFORD.

Cette flèche, fièrement dressée au-dessus des groupes de pinacles dont la tour est cantonnée à ses quatre angles, est généralement admirée comme une des constructions le mieux entendues de l'Angleterre. « La riche décoration du clocher à sa base et l'entière simplicité de sa pyramide forment un contraste frappant et d'un bel effet... La perfection d'une tour et de sa flèche résulte en apparence de deux principes opposés, mais au fond d'un seul et même principe, appliqué seulement par inversion, savoir : que le corps de la tour et la pyramide doivent rester sans ornements, tandis qu'il faut en décorer les extrémités, de manière à former là un chapiteau, ici une base. » (Dallaway, *Observations sur l'architecture anglaise*, pp. 122 et 123.) Dallaway exagère, ce semble, la valeur du *principe* qu'il formule : on pourrait citer nombre d'exemples, surtout parmi les tours, d'une disposition toute différente de l'ornementation. — Le même auteur place sous le règne de Henry VII la construction de la tour et de la flèche de Ste-Marie ; mais le style de l'une comme de l'autre nous force à les considérer comme beaucoup plus anciennes (1).

Les daïs, les niches, les meneaux et les cavets (CASEMENTS. V. le *Glossaire*, t. II) des fenêtres sont garnis de petites têtes de clous arrondies, en forme de boutons, ornements d'un usage très-fréquent, mais, — on peut l'affirmer en toute sécurité, — vers le milieu du XIVe siècle et non dans la période

---

(1) V. le t. II du présent ouvrage, pl. 14 et 15, et les descriptions de ces planches. — L'église de l'université, ou Ste-Marie, date de 1353, mais la flèche est de construction plus récente, selon M. Willson lui-même. V. les *Types*, t. I, p. 36.   (*Note du traducteur.*)

suivante. Les moulures citées en dernier lieu sont décorées de la même manière dans quelques détails du clocher de Salisbury, vers le haut de la tour. (V. les *Cathedral Antiquities.*) — Les clochers occidentaux de la cathédrale de Lichfield (1) offrent aussi, dans leurs détails, des analogies avec celui de Ste-Marie. *(Ibid.)* — Le Dr Plott rapporte que les créneaux de notre tour « furent réparés et garnis de pinacles » par le Dr King, doyen de l'église du Christ et, lorsqu'il ordonna ce travail, vice-chancelier de l'Université (2). (V. *History of Oxfordshire*, in-fol., p. 271.) Il ne peut guère être question, dans ce passage, que d'une restauration partielle, par exemple pour réparer les dégâts causés par une tempête. En première ligne, hors de là, il faudrait regarder comme ajoutés les pinacles supérieurs : tout bien considéré, c'est peu probable. — L'élévation, la coupe et les plans de cette belle flèche (3) peuvent se passer d'explications verbales (4).

PLANCHES 37, 38. — CHATEAU DE TATTERSHALL, COMTÉ DE LINCOLN : DEUX CHEMINÉES (5).

Les deux beaux spécimens représentés par ces planches contribueront à donner l'idée de la manière dont étaient décorées, intérieurement, les

---

(1) V. *the History and Antiquities of the See and Cathedral Church of Lichfield*, par J. Britton; Londres, 1820.

(2) Il fut plus tard évêque de Londres (1611-1621.)

(3) Oxford possède trois clochers de dates et de styles tout-à-fait différents, ce qui en fait d'excellents sujets de comparaison. L'église du Christ, aujourd'hui cathédrale, mais jadis église du couvent de St-Frideswide, a une flèche trapue d'un style très-ancien, couronnant une tour du même temps, c'est-à-dire du milieu du XIIIe siècle environ : le tout bien conservé et sans mélange d'ornements modernes, ce qui en fait un monument important, sinon un beau monument. Vient en second lieu la flèche de l'église de Ste-Marie, que notre planche 36 a fait connaître, et enfin celle de l'église de *Tous-les-Saints*. Ce dernier édifice est moderne; les dessins en ont été fournis par le célèbre Dr Hen. Aldrich, doyen de Christ-Church; son clocher à flèche donne une preuve de la violence qu'il a fallu faire aux colonnes et aux entablements grecs, toutes les fois qu'on a essayé de les empiler pour lutter avec les tours de style gothique. Le clocher de Tous-les-Saints a « moins de parties défectueuses, » que la plupart de ceux du même genre : on avouera qu'un tel éloge est assez peu enthousiaste. — Dallaway, p. 150.

(4) Sur la chronologie des clochers, on consultera le *Cours d'antiquités* de M. Caumont, t. IV, et surtout le remarquable article *Clocher* du Dictionnaire de M. Viollet-Leduc. Spécialement consacrés aux églises françaises, ces travaux seront utilement rapprochés de ceux de Dallaway, Bloxam, etc., concernant les édifices anglais. On trouvera des détails sur l'Allemagne, avec une recherche approfondie des principes de la construction des tours, dans Hoffstadt, p. 123 à 227.

(Note du traducteur.)

(5) Le château de Tattershall fut bâti sous le règne de Henry VI, par Ralph lord Cromwell, qui y résida dans toute la magnificence de son pouvoir féodal, et y mourut en 1452. Le principal

résidences de l'ancienne noblesse anglaise. Contemplant ces larges foyers, nous rallumons par la pensée les grands feux de bûches des temps où l'hospitalité était en honneur, tandis que le pompeux étalage d'insignes héraldiques, déployé sur la surface de ces manteaux, témoigne de la fierté des hommes de haut lignage et de l'importance jalouse qu'ils attachaient à leur illustre origine, avant l'époque où les prétentions de l'aristocratie à être seule entourée d'hommages, furent contrebalancées par celles des commerçants opulents. — L'effet des sculptures que nous avons ici sous les yeux est doublé par le contraste de leur richesse avec l'uniformité des murs qui les entourent et qui, dépouillés de leurs somptueuses tentures, sont exposés dans toute leur nudité aux injures périodiques des saisons. Les blasons rappellent la généalogie du fondateur; les *bourses* font allusion à sa dignité de lord-trésorier; des deux compartiments *légendaires* du premier spécimen, l'un représente saint Georges terrassant le dragon, l'autre un homme qui lutte contre un lion, en souvenir d'une prouesse chevaleresque dont le héros fut sir Hugues de Nevil, l'un des compagnons de Richard Cœur-de-Lion à la croisade. — Le plus simple examen des planches donnera une juste idée des différents membres d'architecture dont se composent nos deux cheminées. — Les arcs de décharge (1) dont les extrémités reposent sur les assises de pierre enchâssées dans le mur, derrière les piédroits, ont pour effet de reporter le poids de la maçonnerie supérieure sur des points d'appui certains, et d'empêcher ainsi les manteaux d'être écrasés : grâce à cette précaution, ceux-ci ont pu être mis à la place qu'ils occupent après l'achèvement du mur; et il est à croire que les choses se sont effectivement passées ainsi. La cheminée qui figure sur la planche 38 appartient à la plus basse de quatre grandes chambres; immédiatement au-dessus se trouve celle de la planche 37. Les deux étages supérieurs ont également des pièces à feu; mais les planchers étant effondrés, elles sont devenues inaccessibles.

corps de logis consiste en un majestueux donjon en briques rouges, d'une solidité extraordinaire et d'une construction digne d'être admirée. Il ne paraît pas que les nobles possesseurs de ce manoir l'aient habité depuis la mort d'un des Clinton, comtes de Lincoln, arrivée sous le règne de Guillaume III; la grande tour, où nous avons été chercher les sujets de nos deux planches, est dépouillée de son toit et tombe en ruine. — Une vue du château, avec une notice historique et descriptive, se trouve dans les *Antiquités architecturales de la Grande-Bretagne*, par Britton. Mentionnons encore deux planches gravées par Girtin, et aussi accompagnées d'une notice, dans l'ouvrage de Howlett, intitulé : *Selection of Views in the County of Lincoln.*

(1) V. ce mot dans Viollet-Leduc, t. I, p. 83.

PLANCHE 39. — DEUX MANTEAUX DE CHEMINÉE AU CHATEAU DE WINDSOR.

La profusion d'ornements architectoniques qui plaisait aux hommes du XVe siècle se retrouve dans les moindres détails des édifices de cette époque. Sous le ciel du Nord, le foyer est le détail le plus caractéristique des chambres d'habitation; comment aurait-on construit, il y a quatre cents ans, un foyer sans décorations? Le château de Tattershall nous a fourni deux grands manteaux de cheminées (pl. 37 et 38). En voici deux autres de moindre dimension et de date plus récente, empruntés au château royal de Windsor. Le premier fait partie d'une salle de l'étage supérieur, et semble, d'après la forme de quelques-unes de ses parties, ne remonter guère qu'à l'époque du règne de Henry VIII.

A. Élévation de face, plan et coupe verticale. — C. Un panneau de la frise, sur une plus large échelle, avec une coupe de ses moulures. Les insignes réunis d'York et de Lancastre, les deux roses, décorent son cintre. — D. Détails (agrandis) des jambages. On remarquera le retrait de ces montants, avantageux si l'on considère qu'il s'agit d'une cheminée.

Deux spécimens des feuillages sont dessinés du côté droit de la planche.

B. Autre cheminée, placée dans les bâtiments ajoutés au château de Windsor par le roi Henry VII. Elle est d'un dessin plus large que la précédente, et peut être rapprochée de celle de la planche 37. Les moulures sont plus fouillées et d'un plus haut relief, bien que le foyer soit moins large qu'au château de Tattershall. La herse, qui est proprement l'insigne de la famille de Beaufort, dont Henry VII descendait par sa mère, en fait le principal ornement héraldique. Quelques-unes des moulures, etc., de cette cheminée rappellent des détails de la somptueuse chapelle que le même roi fit élever à Westminster. Les deux pilastres octangulaires qui se détachent des chambranles sont peu communs; les plans et la coupe en indiquent la position exacte.

E. Panneau avec sa coupe, amplifiés. — F. Chapiteau d'un pilastre, vu de face et de profil. — G. Coupe des moulures des montants.

En comparant ces manteaux de cheminées avec ceux qui ornent aujourd'hui nos plus brillants appartements, on remarquera que les anciens artistes s'inquiétaient peu d'employer des matériaux précieux, et qu'ils n'attachaient du prix qu'à la beauté du dessin et à la perfection du travail, si bien qu'on peut dire de leurs œuvres: « MATERIAM SUPERAT OPUS »; tandis que nous mettons tout notre soin à rechercher les marbres étrangers les plus rares, sauf à nous contenter de les employer en pièces plates et en blocs bien polis, mais souvent disgracieux et difformes.

PLANCHE 40. — TUYAUX DE CHEMINÉE, EN PIERRE, A WINDSOR ET A LINCOLN.

N° 1. Au château de Windsor. — N° 2. A la chapelle St-Georges. — N° 3. Tuyau de cheminée d'une maison particulière, à Lincoln.

PLANCHE 41. — QUATRE TUYAUX DE CHEMINÉE, A ETON.

Ils sont construits en briques d'un grain très-fin, habilement ouvragées. Ils ne remontent guère, selon toute apparence, qu'au règne de Henry VIII, bien que le collége et la chapelle aient été commencés sous Henry VI. Diverses particularités curieuses, concernant la construction, etc., du collége d'Eton, se trouvent, accompagnées de deux planches, dans les *Antiquités architecturales de la Grande-Bretagne*, t. II, p. 3; deux cheminées du genre de celles-ci y sont gravées et décrites (1).

PLANCHES 42, 43, 44, 45. — CROSBY-HALL, A LONDRES.

Les restes de l'édifice qui porte le nom de Crosby ont été si bien mis à l'ombre par les constructeurs modernes, qu'il n'existe dans la métropole aucun monument offrant un égal intérêt archéologique, qui soit plus inconnu des étrangers. C'était une somptueuse demeure érigée par sir John Crosby, riche marchand et citoyen de Londres, vers 1470. Richard, duc de Glocester, y résida précisément à l'époque où les deux jeunes princes, fils d'Édouard IV,

---

(1) V. différents spécimens de tuyaux et de souches de cheminées, dans les *Types*, t. I, pl. 67, 68 et 72; t. II, pl. 44; t. III, pl. 4. Cf. Viollet-Leduc, t. III, art. *cheminée*.

(*Note du traducteur.*)

furent logés à la Tour de Londres, sous son protectorat. On ignore le nom des habitants de *Crosby-Place*, après l'époque où Richard III ceignit la Couronne; il paraît cependant que cet édifice resta longtemps en possession de la famille royale, puisque la reine Élisabeth y logea des ambassadeurs. Depuis cette époque, une partie en fut affectée, aussi pendant longtemps, à des usages religieux; mais aujourd'hui les deux grands appartements qui sont les seuls restes de l'édifice primitif servent de magasin à des emballeurs (1). Celui qui se trouve à l'Est d'une cour étroite était autrefois le *Hall*. L'autre, tout à côté, a vue sur une autre cour vers le Sud; il a la même hauteur que le précédent, mais se compose de deux étages.

PLANCHE 42. — Détails des combles de l'appartement connu sous le nom de *Chambre du Conseil (the Council-Chamber)*, et situé à l'étage supérieur, dans la partie la moins ancienne de l'édifice. — *A*. Moitié d'une arcade en charpente, au fond de la salle, du côté de l'Est, où elle s'ouvre sur le *Hall*. — *B*. Élévation d'une travée, à partir de la nervure centrale. La forme de cette voûte lambrissée est très-simple : c'est une ellipse appuyée de chaque côté sur une corniche de niveau, sans intersection de berceaux. Des nervures arquées la croisent perpendiculairement entre les fenêtres; d'autres plus légères divisent chaque panneau en plusieurs caissons, enrichies de sculptures en relief bien diversifiées. Mieux que toute description, la gravure fera comprendre le caractère de ces décorations, exécutées en boiserie et relevées par des dorures; cette salle, en un mot, doit avoir été d'un effet splendide. —

---

(1) Le *Guide à Londres* résume comme suit l'histoire de cet édifice : « John Crosby, épicier, était shérif de Londres en 1470, et fut fait chevalier pour avoir repoussé l'attaque du bâtard Falconbridge contre la cité. Sa maison était considérée comme la plus belle de toute la ville. Après la mort de Crosby, en 1475, elle fut occupée par différentes personnes, entre autres par Richard, duc de Glocester, lorsqu'il médita le meurtre de ses jeunes neveux renfermés dans la tour. Shakespeare nous en parle souvent dans sa tragédie de Richard III. — A l'Ouest on remarque de superbes fenêtres gothiques. Le *Hall*, faussement appelé la *Chapelle de Richard III*, a 87 pieds de long, 28 de large et 36 de haut. Les personnes qui occupent cette maison l'ont partagée en deux étages pour leur plus grande commodité. — Henry VIII permit à Antoine Bonvica, négociant italien, d'habiter *Crosby house*. Sous le règne d'Élisabeth, elle fut assignée à quelques ambassadeurs étrangers; plus tard, sir John Spencer et sir James Langham y résidèrent pendant l'exercice de leurs fonctions de lords-maires. Pendant les guerres civiles, cette maison servit de prison. A la restauration, on en abattit une grande partie pour former la place de Crosby (*Crosby square*); mais la plus grande salle fut accordée aux *non-conformistes*, qui la conservèrent pendant près d'un siècle. Elle sert aujourd'hui de magasin à des emballeurs. »

(*Note du traducteur*).

C. Un des caissons polylobés, avec une coupe indiquant la profondeur des moulures. — *D.* Une des consoles qui portent les grandes nervures arquées, avec une partie de la corniche qui la continue ; à côté est tracée une coupe de la dite corniche. *N. B.* Ces membres sont en pierre. — *E.* Coupe d'une des nervures arquées ou d'un des arcs doubleaux. — *F.* Écusson et ornements d'un des petits tympans à l'intérieur des saillants de l'arcade (A). — *G.* Partie amplifiée de la dite arcade. — *H.* Autre petit tympan de la même arcade.

PLANCHES 43, 44, 45. — Ces trois planches sont consacrées aux détails de l'architecture du *Hall* de Crosby : nous croyons nécessaire d'ajouter aux dessins une courte description. — La façade qui regarde la cour est percée d'un rang de fenêtres en arc, avec un oriel ou une fenêtre en encorbellement formant saillie sur la dite cour ; l'ancienne entrée n'existe plus, et un passage public a été pratiqué au bas du *Hall*, à travers les murs. L'intérieur mesure (1) 69 pieds sur 27 ; la hauteur, prise au milieu des combles, est de 38 pieds environ (2). Le plancher qui divise aujourd'hui en deux étages ce magnifique appartement empêche le visiteur de jouir d'une vue de l'ensemble ; d'autre part, une bonne partie des ornements sont dégradés ou mutilés. La voûte lambrissée est d'un travail admirable, en bois de chêne, et, malgré la fumée et la poussière dont elle est souillée, elle frappe encore par sa beauté et par son air de noblesse. Sa courbe se rapproche de celle de la Chambre du Conseil ; mais les dimensions de l'appartement étant ici plus grandes, le dessin des ornements est aussi d'un style plus large et moins fleuri. Trois rangées de culs-de-lampe forment son trait le plus caractéristique ;

---

(1) Ces chiffres doivent être préférés à ceux de la note précédente.
(*Note du traducteur.*)
(2) Sur une longueur d'environ douze pieds, à partir de l'extrémité Sud du *Hall*, la voûte, au lieu d'être lambrissée comme dans tout le reste de la salle, est au contraire tout-à-fait privée d'ornements ; et il est à remarquer que les deux fenêtres percées de chaque côté, plus bas, dans cette partie nue, sont géminées, en sorte qu'il ne peut pas y avoir eu d'impostes entre elles, comme il y en a entre toutes les autres fenêtres : quelques-uns ont pensé, d'après cela, que cet espace était jadis séparé du *Hall*. Il est certain qu'un *écran* a été placé à la limite des deux parties de la salle, et qu'il y donnait entrée dans une sorte d'antichambre au fond de laquelle s'ouvraient les principales portes aussi bien que celles qui conduisaient aux cuisines, aux chambres de la dépense, etc. C'est derrière ces écrans qu'on plaçait ordinairement les musiciens ; mais celui-ci peut très-bien avoir été disposé de manière à former non-seulement une galerie, mais une chambre à part. A l'extrémité opposée, une large ouverture met le *Hall* en communication avec une salle, en rapport elle-même avec un escalier et une porte extérieure. V. les *Types*, t. I, p. 49.

or, ce genre de décoration ne peut produire son effet que dans des intérieurs d'une élévation considérable. Les fenêtres latérales sont placées très-haut au-dessus du sol, disposition ordinaire dans les *Halls*, la partie inférieure des murs devant être le plus souvent tendue de tapisseries lors des solennités.

PLANCHE 44. — Nous avons trouvé plus facile de commencer par cette planche la description de la charpente des combles. On y a dessiné une coupe transversale, présentant en élévation un peu plus de la moitié d'une des grandes arcades formées par les *fermes-maîtresses* (1). Les tympans des petites ogives rampantes qui relient les clefs pendantes (2) ou les culs-de-lampe sont remplis par des claires-voies ornementées. — *a.* Corbeau de pierre attaché au pilastre qui sépare deux fenêtres, et servant de point d'appui à une ferme-maîtresse. — *b. b.* Clefs pendantes ou culs-de-lampe taillés à l'extrémité inférieure dans une forme correspondant à celle des corbeaux de pierre. — *e.* Coupe du lambrissage, formant une ogive très-surbaissée et cachant entièrement les solives du toit, à la différence de Westminster-Hall et d'autres *Halls* plus anciens. Ce système fut indubitablement considéré comme préférable au précédent ; mais on peut dire que si les voûtes lambrissées l'emportent en élégance sur les charpentes non dissimulées, celles-ci se distinguent par une légèreté aérienne qui attire le regard et attache une sorte de charme mystérieux aux sommités mêmes du toit. — *f. g.* Portion de piédroit d'une fenêtre latérale. — *c. d.* Grand caisson hexagonal, au centre du lambrissage. L'architecte avait certainement l'intention de le surmonter d'une lanterne ; mais, si tant est qu'elle ait jamais été placée, cette lanterne doit n'avoir pas tardé à être enlevée ; car les panneaux qui ferment l'ouverture sont décorés de moulures, etc., en rapport avec l'ornementation du lambrissage ; d'autre part, la cheminée qui ouvre son large foyer dans la paroi orientale de la salle paraît aussi ancienne que l'édifice, ou peu s'en faut (3).

---

(1) V. ci-dessus la description des planches 32 à 35.   (*Note du traducteur.*)
(2) V. Viollet-Leduc, t. III, p. 274 et suiv.   (*Note du traducteur.*)
(3) Les grandes salles des anciennes maisons, des collèges et des monastères étaient généralement chauffées au charbon de bois ; on empilait le combustible entre les barreaux d'une grille de fer ouverte, placée au milieu du parquet. Au-dessus s'élevait une lanterne, ou *louvre*, qui offrait l'aspect d'une tourelle, et dont les flancs étaient perforés de trous livrant passage à la fumée. Le *Hall de Middle-Temple*, à Londres, celui du *Collège de la Trinité*, à Cambridge, et quelques autres encore, ont conservé la trace de cet usage, qui disparut presque partout, dans le cours du siècle dernier, en présence des poêles ou étuves et des cheminées proprement dites.

I.   10

PLANCHE 43. — Cette planche représente l'élévation d'une portion des combles, prise longitudinalement, en passant à travers la nervure centrale. On remarquera le soin extrême avec lequel l'artiste a choisi le genre d'ornements qui convient à chaque partie de son œuvre. Les arcs des fenêtres, surbaissés vers la pointe, ressemblent beaucoup à ceux qu'on voit dans l'ancien palais royal d'Eltham, comté de Kent (1). Les quatrefeuilles de la frise et les découpures des tympans, semblables à celles des clefs pendantes, sont du plus riche effet. Il pourra paraître malséant de chercher une faute dans une composition si accomplie; cependant il faut bien le dire : les clefs pendantes de la rangée centrale sont trop larges, et mieux eût valu les supprimer, ou du moins les subordonner aux deux rangées latérales. — B. Plan d'une fenêtre indiquant les moulures profondes des piédroits et du meneau. — C. Corbeau d'une clef pendante, vu en élévation. — D. Plan du même corbeau, de ses sculptures et de son crénelage. — E. Corbeau de pierre attaché au mur. — F. Plan du même corbeau, avec ses détails, et une coupe de la ferme ogivale qui y prend naissance. — G. Portion de la frise qui court le long du mur sous la voûte en bois lambrissée. — H. Coupe de la frise.

PLANCHE 45. — FENÊTRE EN ENCORBELLEMENT (2). — Cette fenêtre fait saillie sur la cour à l'extrémité nord de la façade, c'est-à-dire, comme nous l'avons déjà fait observer, au haut bout du *Hall;* le foyer est placé en regard, du côté opposé. Toute la structure de l'oriel est digne d'admiration; la solidité n'y fait pas tort à la légèreté élégante, et son dessin s'harmonise parfaitement avec le style de l'édifice principal. On lui a fait grand tort en perçant une porte dans sa partie supérieure, au niveau du

---

(1) V. les *Types*, t. I, pl. 43, 44, 45, 46, et la description du palais d'Eltham, *ibid.*, p. 46 à 55.   (*Note du traducteur.*)

(2) Depuis le XIVe siècle jusqu'aux règnes d'Élisabeth et de Jacques Ier, les *Halls* ont presque toujours comme appendice une fenêtre d'*oriel*. Quelquefois on en trouve deux, une de chaque côté. On les plaçait vers le haut bout de la salle, pour servir de buffet à l'usage de la *table haute*. Le vaste *Hall* d'Eltham avait deux oriels très-spacieux, pourvus de portes qui les mettaient en communication avec les principaux appartements du palais. Ce sont peut-être les plus anciens exemples qu'on puisse citer de fenêtres en encorbellement attenant à une salle à manger; ils remontent, ce semble, au règne de Richard II, ou à peu près. Le *Hall* du palais d'Eltham est aujourd'hui une grange; de lourdes charrettes circulent entre les beaux restes de ses oriels. Le *Hall* de Stoneyhurst, dans le Lancashire, est un des derniers édifices construits sur le plan traditionnel; il a aussi deux grands oriels en projection aux deux côtés du *haut bout*, et un écran formant porche en travers de l'entrée.

plancher qui divise aujourd'hui le *Hall* en deux étages ; de plus, un escalier provisoire en masque la surface extérieure.

La figure 1re donne l'élévation de l'intérieur, tel qu'il est ouvert du côté du *Hall.* La figure 2 présente la moitié de l'élévation extérieure, prise de face ; la figure 3, une coupe verticale, passant par la ligne de centre A — B, tracée sur le plan, fig. 4. On a reproduit, à l'intérieur de ce plan, les belles complications des nervures de la voûte.

A. Tête d'une fenêtre, sur une échelle plus large que celle de l'élévation. Quelques fragments de verre bruni, souvenirs d'une splendeur éclipsée, subsistent encore dans les parties supérieures de ces baies. — B. C. Rosaces sculptées, ornant les points d'intersection des nervures de la voûte. — D. Plan d'un des piliers angulaires de l'oriel. — E. Meneau séparant les deux jours géminés dont se compose chaque fenêtre.

En achevant d'expliquer ces spécimens de l'architecture de *Crosby-Place,* nous ne pouvons nous défendre de quelques réflexions sur la nature périssable de tous les travaux de l'homme. A voir cette noble structure si mutilée et si dégradée, à la voir ne plus servir d'abri qu'aux travaux les plus grossiers, on se sent au premier abord porté à se laisser dominer par une généreuse indignation ; mais on finit par se dire qu'au sein d'une grande cité commerçante le moindre espace de terrain a trop de valeur pour qu'on puisse aisément le sacrifier au goût ; on s'estime heureux en songeant que ces débris ont au moins la chance d'être préservés d'une destruction totale par les soins des propriétaires, et l'on sait gré à ceux-ci de l'extrême complaisance qu'ils ont mise à satisfaire l'ardente curiosité de l'investigateur.

PLANCHE 46. — GRANDE PORTE DE LA MAISON DU CHANCELIER, A LINCOLN (1480).

Cette porte sert d'entrée principale à la maison de résidence du Chancelier, dans le clos de la cathédrale de Lincoln. L'édifice dont elle fait partie est bâti en briques, avec des fenêtres en pierre d'un style correspondant à celui de la porte ; toutes, sauf une exception, ont échappé aux violences de la révolution architecturale des derniers siècles. Un manteau de cheminée en pierre, caché sous un lambris, dans l'une des chambres, mais assez bien conservé, porte en relief les armes de l'évêque Russel, ce qui permet d'assigner à la construction dont il s'agit une date assez précise ; nous retrouvons ici fidèlement, au surplus, le style de la tour que le même prélat fit construire à son palais de Buckden (1). La gravure nous dispense de décrire la forme de la porte. On en a représenté l'élévation, la coupe verticale et le plan; les détails des ventaux sculptés A, B, C, sont figurés à part et amplifiés; on a enfin donné une coupe du *lambel* qui encadre la baie et son ogive. Le retour en losange des extrémités de ce *lambel* est une forme nouvelle, très-commune sous Henry VII et sous Henry VIII; on oublia, en l'adoptant, la nécessité de placer en cet endroit, en guise de console ou d'ornement terminal, un buste ou quelque autre pièce de sculpture; et l'on obtint, d'autre part, surtout dans les ouvrages de grande dimension, un effet plus complet et plus riche que par le simple retour de la moulure en ligne droite (2).

PLANCHE 47. — MAISON DU CHANCELIER, A LINCOLN : FENÊTRE EN ENCORBELLEMENT (3).

Cette fenêtre forme le principal ornement de l'édifice qui vient d'être décrit. Elle fait saillie au milieu de la façade, et elle produit un très-bon effet, tant par ses dimensions que par la hardiesse de sa projecture. L'ouvrage et la qualité de la pierre sont également bons; l'un et l'autre sont restés intacts; leur perfection primitive n'a point été altérée. La planche donne une élévation, une coupe et un plan, avec un des retours de la corniche, sur une échelle agrandie. (Voir, au sujet du losange qui termine cet ornement, la description de la planche précédente.) Le sommet de la fenêtre est surmonté

---

(1) L'évêque Russel passa de Rochester à Lincoln en 1480, et mourut en 1494.

(2) V. Bloxam, pl. 48, et page 140.   (*Note du traducteur.*)

(3) « La fenêtre en saillie, par sa forme évasée, par sa hauteur, sa largeur et par la solidité aisée de sa construction, porte un caractère de clarté sereine et d'élégance naturelle qu'on ne saurait trop admirer. Je suis vivement frappé de la beauté de ce détail original d'une ancienne résidence anglaise; l'œil se plaît à suivre les embranchements de ses meneaux de pierre sculptés : c'est une partie constituante de l'édifice lui-même, c'est la partie gaie et réjouissante de sa structure; dans sa place et avec ses proportions, l'effet produit est vraiment tout ce qu'on peut désirer (*). Comparez à cela les rangées de fenêtres de notre architecture moderne, percées uniquement parce que le manque d'air et de lumière l'exige, ouvertures maladroites, taillées dans les murs par le ciseau de la nécessité! » — Préface des *Metrical Remarks* sur les châteaux et les *Cottages* modernes, in-8°. Londres, 1813, page 12.

(*) Les fenêtres en encorbellement ou encoignures saillantes sont aussi très-communes dans certaines villes d'Allemagne, à Nuremberg particulièrement; elles caractérisent encore, comme jadis, les maisons des riches bourgeois. Nous renverrons simplement le lecteur aux judicieuses remarques de M. Fortoul (*De l'art en Allemagne* : § 28, Nuremberg.)

(*Note du traducteur*)

d'un crénelage, et la corniche est proprement creusée à l'une de ses extrémités, de façon à permettre à une gouttière de passer par-dessous pour faciliter l'écoulement des eaux. A l'intérieur est un plafond horizontal, lambrissé en bois et divisé en panneaux par d'étroites nervures.

PLANCHE 48. — CHAPELLE DE Sᵗ-GEORGES, A WINDSOR : NICHE DE L'ÉVÊQUE BEAUCHAMP.

Cette niche ou cette espèce d'armoire est creusée dans un des piédroits de la dernière arcade. On la suppose consacrée à la mémoire de l'évêque Beauchamp (1), qui s'intéressa tout particulièrement à la reconstruction de la chapelle de Sᵗ-Georges, sous Édouard IV (2). Elle offre quelque ressemblance avec une tombe, ce qui l'a fait quelquefois décrire comme telle; mais cette supposition paraît erronée. Si le dessin en a été donné par l'évêque lui-même, on peut dire qu'il fait honneur à son goût; l'arcade surbaissée a gâté toute l'architecture de son temps, mais ici la courbe est ménagée de manière à éviter l'effet de dépression qu'elle produit généralement, effet nulle part plus déplorable que dans la magnifique chapelle de Windsor.

---

(1) V. la description de la pl. 12, note 1.

(2) Richard Beauchamp, évêque de Salisbury, a été surnommé, à cause de son habileté en architecture, le Wykeham (*) de son temps. « Il construisit lui-même le vaste *Hall* de son palais de Salisbury, et fut nommé maître et surveillant des travaux par le roi Édouard IV, lorsqu'il fut question de rebâtir la chapelle de Sᵗ-Georges, au château de Windsor. Le préambule des lettres patentes qui lui conférèrent l'Ordre de la Jarretière porte qu'indépendamment du zèle sincère dont il avait donné des preuves à l'Ordre, il avait sacrifié ses loisirs de tous les jours pour s'occuper directement de l'érection de cet édifice magnifique (*goodly*). Deux ans plus tard, il fut promu à la dignité de doyen de Windsor; il mourut en 1482, et fut inhumé dans une chapelle qu'il avait érigée lui-même pour servir de sépulture à sa famille; cette construction attenante à la cathédrale de Salisbury, a été démolie dans la suite, sous le prétexte qu'elle s'accordait mal avec le style uniforme de l'église. Gough rapporte que le même prélat donna un riche missel (ou plutôt un livre d'offices ou un bréviaire) à la chapelle de Sᵗ-Georges, pour être enchaîné, à l'usage du public, dans une niche placée en regard de celle que notre planche représente; cette niche contenait également un crucifix, autre don de Richard Beauchamp, avec une inscription rappelant sa générosité. — V. Gough, *Sepulchral Monuments*, t. II, p. 273. — Notre niche n'aurait-elle pas eu quelque destination analogue ?

(*) Wykeham (1324-1377), évêque de Winchester et surintendant des châteaux royaux, renouvela presqu'entièrement le château de Windsor, qui remontait à Guillaume-le-Conquérant et avait reçu des agrandissements sous Henry I. V. Pyn, *Hist. of the royal residence*, t. III, p. 43, et Wiebeking, t. IV, p. 120. Wykeham fonda les collèges d'Oxford et de Winchester; à Windsor, entre autres, il construisit la salle où se célébrait le festin de la *Table ronde*, dont l'origine légendaire remontait au roi Arthur; on l'appelait la salle des *Chevaliers de la Jarretière*.

(*Note du traducteur.*)

Fig. 1. Élévation de l'ensemble de la façade. — 2. Coupe verticale, prise en passant par la ligne de centre, et montrant la profondeur de la niche, ses moulures et l'ornementation de ses parois latérales. — 3. Plan, avec le dessin des soffites sculptées de l'arcade, etc.

a. Moulure du bord de la tablette, dessinée à part. — b. Portion de la crête à feuillages qui couronne le faîte de la niche. — c. Bouquet terminal du dais à crochets; il est très-gracieusement modelé; les crochets sont également bien disposés et d'un beau feuillage. — d. Coupe horizontale des moulures et d'un pilastre latéral.

Au haut de la planche, à droite, on a dessiné divers détails de l'ornementation intérieure de l'arcade; plus bas se trouve un panneau armorié pris sur la façade, avec sa coupe.

PLANCHE 49. — CHAPELLE DE Sᵗ-GEORGES, A WINDSOR : PORTE ET FENÊTRE.

Voici d'abord une porte percée dans les cloîtres des bâtiments collégiaux, au château de Windsor. Elle est tout-à-fait bien conçue, et ses moulures sont d'un bon relief. Les consoles qui supportent l'encadrement de l'arcade sont d'un dessin tout particulier, mais trop capricieux pour être vraiment beau. L'élévation, le plan et la coupe n'ont pas besoin d'explications. — La fenêtre appartient à l'aile méridionale de la chapelle de Sᵗ-Georges. Elle est d'un dessin lourd et triste qui porte la marque de la décadence, si l'on établit une comparaison avec les fenêtres de l'âge précédent. Cette dégradation esthétique doit être en partie attribuée à la circonstance que les jours séparés par les meneaux verticaux sont en outre divisés, dans leur hauteur, par des traverses horizontales, en plusieurs compartiments. Cette mode, au reste, n'était pas entièrement nouvelle : elle remonte même jusqu'au célèbre William de Wykeham, qui s'y est conformé pour dessiner les fenêtres de la nef de sa cathédrale de Winchester. La préférence presque généralement accordée aux arcades obtuses, d'autre part, dut contribuer à modifier l'ornementation intérieure, et à faire supprimer les enlacements variés des meneaux qui embellissaient les fenêtres de l'époque précédente.

DÉTAILS DE L'ÉLÉVATION : — a. Coupe du lambel. — b. Tête d'un des jours. — c. Coupe du cordon qui court sous la fenêtre. — d. Coupe d'un jambage, rapportée au plan.

PLANCHE 50. — CHAPELLE DE St-GEORGES, A WINDSOR: DEUX PORTES.

La première de ces portes appartient à la chapelle que Henry VII passe pour avoir ajoutée à celle de St-Georges, avant l'époque où il ordonna la construction du magnifique sanctuaire qui porte son nom, à l'abbaye de Westminster (1). Une comparaison de cette entrée avec celle qui fait le sujet de notre planche 11 montrera combien peu l'architecture se modifia dans les cinquante dernières années du XVe siècle.

A. Élévation. — B. Coupe passant par la ligne de centre de l'arcade. — a. Tympan, amplifié. — b. Chapiteau d'une des colonnettes latérales *(Boltels).* — c. Coupe du *lambel.* — d. Coupe d'un jambage, amplifiée et rapportée au plan. — e. Moulure couvrant les lignes de jonction des pièces qui composent les deux battants de la porte.

Le second spécimen est d'une disposition tout originale, surtout à cause du retrait en courbure du cadre extérieur de la baie. Il ne paraît pas remonter plus haut que le règne de Henry VIII.

A. Élévation. — B. Coupe. — e. Jambage, amplifié et rapporté au plan. — f. Moulure au-dessus de la porte. — g. Base d'une des colonnettes, de face et de profil. — h. Partie des créneaux de l'amortissement, avec coupe, amplifiée.

---

(1) Cette chapelle est communément appelée *Tomb house*, ou le tombeau du cardinal Wolsey, à cause d'un somptueux monument sépulcral en bronze que ce ministre avait fait préparer pour lui-même, mais dont sa disgrâce empêcha l'achèvement. *(Note de l'auteur.)* — Henry VII avait d'abord élevé cet édifice « pour abriter son dernier sommeil et couvrir les os de toute sa famille. Plus tard, il changea d'avis : l'éclatante chapelle de Westminster reçut alors cette destination. Henry VIII put en conséquence faire don du premier monument à Wolsey... » dont le cénotaphe fut, suivant Bacon, infiniment plus riche que celui de Henry VII. — Il n'y reposa jamais; en 1646, les troupes du parlement le démolirent, on vendit le bronze, comme de la ferraille, 600 liv. sterling. — « La *Maison des tombeaux*, continue M. Alf. Michiels, forme une véritable chapelle et n'a point de transepts, ni de bas-côtés. Elle se termine d'ailleurs par une abside. Les fenêtres occupent toute la hauteur du monument; elles offrent, comme celles de l'autre demeure sacrée, trois zones transversales, mais se couronnent d'ogives flamboyantes. Lorsque Jacques II monta sur le trône, le bâtiment ne présentait plus qu'une sombre carcasse; il le fit restaurer, embellir de peintures, qui passaient pour les meilleures de Verrio. Elles furent détruites au milieu d'une insurrection et l'édifice resta depuis dans un état de délabrement complet. Enfin, Georges III voulut non-seulement qu'il fût réparé, mais qu'on y pratiquât un souterrain où il dort avec sa femme, la princesse Amélie, la princesse Charlotte, le duc de Kent, le duc d'York, Georges IV, Guillaume IV, la princesse Augusta et deux enfants. Ainsi la mort elle-même a ses catastrophes : les tombeaux changent de possesseurs, comme la fortune et les patrimoines des grands de la terre. » *(Souvenirs d'Angleterre*, p. 447.) — La *Maison des tombeaux* s'élève à l'extrémité E. de la chapelle de St-Georges. *(Note du traducteur.)*

PLANCHE 51. — CHAPELLE DE Sᵗ-GEORGES , A WINDSOR : PARAPETS.

Le toit de la grande nef de ce splendide édifice est protégé par un parapet divisé en compartiments à claires-voies ; un parapet crénelé, aussi percé à jours, surmonte les corniches des bas-côtés (1). La planche 51 offre quatre spécimens variés de ces balustrades. La corniche est garnie, de distance en distance, de têtes grotesques et bizarres, selon le goût de l'époque ; car il fut un temps où les mascarades et les grosses bouffonneries amusaient autant les hommes les plus graves et les plus polis, que ceux des classes les plus infimes de la société.

L'élévation et la coupe correspondante de chacun des spécimens ici représentés ne semblent requérir aucune explication.

PLANCHE 52. — CHAPELLE DE Sᵗ-GEORGES, A WINDSOR : UNE TRAVÉE DE LA CHAPELLE D'ALDWORTH (2).

Cette chapelle annexe a été censurée par des juges compétents : « Son dessin, disent-ils, témoigne d'un mauvais goût architectural, et n'est pas en rapport avec le style de l'édifice principal (3). » — Il faut la placer au côté oriental du transept S. de l'église collégiale.

---

(1) Les pinacles qui se dressent au-dessus des contreforts de la chapelle avaient pour *terminaisons*, dans l'origine, des figures d'animaux tenant des bannières de métal qui tournaient avec le vent : les embellissements de ce genre étaient en grande vogue à la fin du XVᵉ siècle, et quand ils étaient bien conçus, blasonnés de toutes couleurs et chargés de dorures, ils devaient produire un effet saisissant. Une controverse qui dégénéra en discussion irritante s'engagea dans le *Gentleman's Magazin*, en 1811, sur la question de savoir si les tourelles de la chapelle de Henry VII, à Westminster, avaient autrefois porté de semblables girouettes. L'affirmative fut soutenue par feu John Carter, avec son ardeur habituelle, et *démontrée*, bien qu'on n'ait pas cru, depuis lors, devoir lui donner raison en rétablissant cette espèce particulière de couronnement.

(2) Olivier King, évêque de Bath et de Wells, chanoine de Windsor et greffier de l'Ordre de la Jarretière, mort en 1503, fut en réalité le fondateur de cette petite chapelle ; on dit qu'il y est enterré ; mais elle n'en a pas moins pris le nom d'*Aldworth*, depuis que quelques membres de cette dernière famille y ont été enterrés. L'évêque King est connu pour avoir commencé la reconstruction de l'église abbatiale de Bath, une des cathédrales de son diocèse : il ne vécut pas assez longtemps pour la voir achevée.

(3) V. Britton, *Antiquités architecturales*, etc., vol. III, p. 44.

Nous ne discuterons pas la première partie de cette critique : la planche fera apprécier le mérite du dessin. Quant à l'autre grief, c'est-à-dire quant au défaut d'accord entre le style de la chapelle d'Aldworth et celui de l'édifice principal, il a déjà été formulé à propos de divers

A. Élévation de la façade orientale, telle qu'elle s'avance au-delà d'un des grands contreforts. Il y a trois travées semblables du côté méridional. — B. Coupe des moulures à l'extérieur, etc. — C. Partie du parapet crénelé, amplifiée. — D. Coupe du même parapet, laissant voir sa claire-voie. — E. Partie de la fenêtre, amplifiée, et coupe de ses moulures. — F. Moulure extérieure de l'appui de la fenêtre.

PLANCHES 53, 54, 55, 56, 57 ET 58. — CHAPELLE DE HENRY VII, A WESTMINSTER.

PLANCHE 53. — Cette gravure, qui sert de *frontispice* au présent volume, représente une porte et un écran appartenant à l'aile septentrionale de la chapelle de Henry VII, à Westminster. Les détails de l'écran sont des plus élégants, et correspondent à l'architecture de la chapelle. On voit en perspective, au-dessus, une partie de la voûte, délicieusement ornementée.

[La PLANCHE 54 est destiné à faire comprendre les principes de la construction de divers ornements en usage au temps de Henry VII.]

PLANCHE 55. — PARTIE DE L'ÉCRAN MONUMENTAL DU TOMBEAU DE HENRY VII. — Cette clôture en bronze est d'un dessin extrémement travaillé et d'une exécution très-habile. On voit, par l'élévation, qu'elle se divise en deux étages, percés à jour comme par des fenêtres; elle est surmontée d'un parapet couronné lui-même de festons. Une inscription en fait tout le tour, vers le milieu de la hauteur. De chaque côté de la porte s'ouvrent deux niches, logeant des statues de saints, le tout coulé en bronze. Une coupe verticale de la porte est dessinée à la droite de la planche; les plans sont au bas (1).

---

appendices de grandes églises, plus importants et plus intéressants que la miniature dont il s'agit. Il n'y a pas tant d'années que les voix retentissantes et unanimes des hommes de goût et de savoir le plus justement estimés se sont élevées contre la manie de l'uniformité poussée à l'excès, qui a fait sacrifier plus d'un morceau ancien de grande valeur, dans les cathédrales de Durham, de Salisbury et de Lichfield : ces anathèmes passeront à la postérité et contribueront à détourner de leurs projets, faut-il espérer, ceux qui seraient tentés de renouveler de pareils actes de vandalisme.

(1) Le tombeau renfermé dans cet écran est en *pierre de touche*, sorte de marbre dur et sombre ; sur ce lit funèbre sont couchées les statues en bronze doré du roi et de la reine ; des anges sont assis aux quatre coins ; des figures de saints occupent les compartiments latéraux. Ce monument

PLANCHE 56. — MOULURES D'ORNEMENTATION ET DÉCOUPURES DE PANNEAUX. — Six spécimens tirés de diverses parties de la même chapelle.

PLANCHE 57. — LA PORTE, AVEC ÉCRAN, DE LA CHAPELLE DE HENRY VII, représentée sur cette planche, met en communication avec la nef une des chapelles latérales (un oratoire). Elle est représentée par une élévation, une coupe et un plan, avec indication des mesures. La courbure du plan est digne de remarque (A). — La fenêtre appartient à l'étage supérieur, c'est-à-dire à *l'étage à jours* ou claire-voie. — *b.* Ornementation du cadre de la fenêtre. — *c.* Un des grands meneaux. — *e.* Profil d'un jambage. — *f.* Un des meneaux secondaires, etc.

PLANCHE 58. — L'ARC-BOUTANT, LA TOURELLE, ETC., représentés par cette planche, sont de curieux spécimens architecturaux du merveilleux monument dont nous publions quelques détails : ils font comprendre l'importance extrême que les architectes attachaient à la solidité, tout en n'offrant aux regards qu'une masse d'ornements sculptés. La première pierre de la chapelle de Henry VII fut posée « *par l'abbé Islip et par Reginald Braie,* » le 24 janvier 1502 : on doit admettre que les travaux continuèrent régulièrement. Les pierres furent apportées de Caen, comté d'York, et de Ryegate : il paraît que ces dernières furent employées en trop grande quantité au-dehors, s'il faut en juger par les dégradations graduelles de l'édifice ; les choses en vinrent à ce point que le Parlement prit la résolution d'en faire restaurer tout l'extérieur en pierre de Bath (1). M. Thomas Gayfere fut chargé de

---

est l'œuvre de Pietro Torregiano, qui vint exprès de Florence pour l'exécuter ; il l'acheva en 1519. Le style du tombeau, dans ses parties architecturales, est décidément italien *, et, comme il diffère radicalement de celui de l'écran, on admettra difficilement que ce dernier ait été *dessiné* par Torregiano, bien qu'il ne soit pas douteux que cet artiste n'ait sculpté les statuettes et même, avec l'aide des artistes qu'il employait pour l'aider, *exécuté* tout l'écran. Le tombeau de Marguerite, comtesse de Richmont, du côté sud de la chapelle, est en style italien et offre des ressemblances avec le cénotaphe de son royal fils Henry VII : c'est probablement une autre œuvre de Pietro Torregiano. — V. Carter, *Ancient sculpture and Painting*, vol. II ; Britton, *Architectural antiquities*, vol. II, et Brayley, *Westminster Abbey*.

(1) La Chambre des communes alloua, le 29 avril 1811, une somme de 3,000 livres sterling pour la restauration de la chapelle de Henry VII.

* « L'architecture de ce tombeau, dit le célèbre Flaxman, est mêlée d'arcs romains et de décorations en désaccord avec le style ogival du reste de la chapelle ; sur le tombeau sont les statues le mieux proportionnées et le mieux travaillées dans le nu ; mais dans la chapelle sont les figures les plus distinguées sous le double rapport de la simplicité naturelle, et de la grandeur du caractère et des draperies. »   *(Note du traducteur.)*

ce travail; il s'en acquitta avec une grande habileté, et se montra très-attentif à reproduire exactement les formes et l'ornementation originales (1).

Toutes les parties de cette somptueuse chapelle, à l'extérieur aussi bien qu'à l'intérieur, sont couvertes de découpures et de sculptures du plus beau détail; toutefois, l'effet d'ensemble manque de repos et d'harmonie; il y a même quelque chose de petit et de mesquin dans cette multitude de subdivisions. Un tombeau, un petit oratoire, qu'on peut embrasser entièrement d'un coup d'œil, et qui ne sont que des appendices d'un édifice plus vaste, peuvent être élevés avec succès dans ce style et y puiser une beauté véritable (2); mais, pour une construction aussi considérable que la chapelle de Henry VII, un dessin plus simple et moins ornementé eût été d'autant plus à préférer que le climat de l'Angleterre, soumis à de fréquentes variations, exerce sur les matériaux une influence corrosive. Mais le style fleuri atteignait alors son apogée, son zénith; plus tard on a non-seulement à constater une décadence, mais une révolution complète dans l'architecture anglaise.

PLANCHES 59, 60. — CATHÉDRALE DE LINCOLN : CHAPELLE DE L'ÉVÊQUE LONGLAND.

Cette petite mais belle construction doit être regardée comme un des derniers spécimens gothiques exempts de tout mélange d'ornements hétérogènes empruntés au style romain (3). Elle est annexée à l'aile méridionale de l'église, avec la chapelle correspondante, bâtie par l'évêque Russel; elle forme

---

(1) Les pinacles supérieurs et le crénelage étaient si bien tombés en ruines, qu'il n'en restait pas un morceau propre à servir de modèle pour la restauration; on s'est même demandé si les pièces qui les ont remplacés ressemblent en effet aux détails originaux. Feu John Carter a démontré, d'après diverses estampes, que la ligne droite du nouveau parapet s'écartait du dessin primitif, où une *crête* à ogive obtuse s'élevait au milieu de chaque travée, comme dans le crénelage de la chapelle de *King's College*, à Cambridge. — V. le *Gentleman's magazine*, 1811, 2ᵉ partie, p. 417.

(2) L'écran représenté pl. 55 en est un exemple. Un plan par terre, avec dix-huit autres planches spéciales, formant l'histoire complète et la description de la chapelle de Henry VII, a été publié par Britton, au t. II de ses *Antiquités architecturales*. — V., au t. II du présent ouvrage, la note annexée à la description de la planche 40.

(3) Le tombeau de l'archevêque Warham, dans la cathédrale de Cantorbéry, a été mentionné par lord Orford comme « le dernier exemple de gothique pur. » (Lettre au Rév. William Cole, 1769.) — Ce prélat décéda en 1532; l'évêque Longland, pas avant 1547; la chapelle dont il s'agit fut érigée plusieurs années avant sa mort.

un voisinage élégant pour le porche dont la cathédrale est ornée de ce côté. Dans leur dessin général, ces deux chapelles sont des copies de celle que l'évêque Flemyng fit ouvrir dans la paroi opposée de l'église (1); seulement il y a progrès, surtout dans la chapelle de l'évêque Longland, dont l'ornementation est beaucoup plus travaillée que celle de la chapelle de Russel, qui en est d'ailleurs la contrepartie, sous le double rapport du plan et de l'élévation. La façade intérieure de la première est très-délicatement ciselée. Le plafond lambrissé est divisé en panneaux, avec des solives sculptées dont les points d'intersection sont garnis de nœuds à feuillages, etc. Les parois latérales sont décorées de plusieurs tabernacles et de consoles (2) pour recevoir ou supporter des statues. Les murs portent des traces de peintures; les fragments de verres colorés qui occupent encore, çà et là, les compartiments ornementés des baies des fenêtres, témoignent hautement en faveur de l'ancienne splendeur de cet oratoire en miniature.

PLANCHE 59. — L'élévation comprend un tiers de la façade. Le plan de cette partie de la chapelle est dessiné au bas de la planche. La coupe indique l'épaisseur du mur et la projection des différents membres. Cette construction mignonne est digne d'un examen attentif, en tant que spécimen des derniers raffinements de l'architecture gothique. Beaucoup de ses formes se retrouvent dans la chapelle de Henry VII, qu'on peut considérer comme le modèle du style dont il s'agit. Chaque partie est soigneusement pourvue de tous les ornements qu'elle comporte ; chaque moulure est consciencieusement découpée et profondément creusée; les crochets, les autres ornements à feuillages sont taillés en haut relief avec toute la légèreté dont la pierre est susceptible.

DÉTAILS AGRANDIS : — A. Élévation et coupe de la moulure qui divise en deux étages les pinacles secondaires. — B. Base des mêmes pinacles, reposant dans un plan oblique sur le chaperon des contreforts (3). — C. Coupe

---

(1) Planche 31. — L'évêque Russel mourut en 1494. Il y a des analogies entre les ornements de sa chapelle et ceux de la chapelle de *King's College*, à Cambridge.

(2) *Perches*, consoles ou corbeaux en projection attachés au mur, pour servir de support à des statuettes; on y plaçait aussi des lumières, etc.

(3) Des pinacles secondaires de ce genre faisaient évidemment partie du dessin de la chapelle de l'évêque Flemyng; mais il ne paraît pas qu'ils aient jamais été exécutés : les contreforts sont coupés en angles obtus, à cette hauteur. V. la planche 31.

de la corniche, sous les créneaux (1). — D. Coupe d'un meneau de la fenêtre. — F. Coupe d'un piédroit de la même fenêtre.

PLANCHE 60. — DÉTAILS DE LA CHAPELLE DE L'ÉVÊQUE LONGLAND. — A gauche est dessinée l'élévation d'un pinacle principal, avec la partie supérieure de celui qui lui est subordonné. — *a*. Coupe horizontale du bouquet terminal : les hachures indiquent la forme de sa tige ; les lignes extérieures, celle des crochets. — *b*. Même coupe, prise à la corniche terminale de l'aiguille. — *c*. Autre coupe, prise plus bas. — *d*. Coupe prise dans la partie où le pinacle est le plus richement ouvragé. — *e*. Coupe du corps du pinacle ; au-dessous, coupe du bouquet terminal du pinacle secondaire. — *f*. Corniche de l'aiguille du second pinacle. — *g*. Coupe du même pinacle, avec ses crochets. — *h*. Coupe du corps du même pinacle, dont les moulures angulaires sont profondément creusées.

Créneaux. L'élévation et la coupe peuvent se passer de description. Le plan en S fait comprendre de quelle manière chaque merlon est épaulé par-derrière pour prévenir tout effet de lourdeur, et pour donner aux appuis autant d'ouverture que possible (2).

Contrefort. Les armes sont celles du fondateur ; l'écu est surmonté de son emblème favori, une colombe perchée sur une branche d'olivier. La coupe et le plan de ce membre d'architecture laissent voir la projection des moulures qu'on voit sur l'élévation. Les admirateurs de ce spécimen apprendront avec plaisir qu'il est dans un parfait état de conservation. La pierre dont il est construit vient des carrières d'Ancaster, comté de Lincoln ; elle est très-durable, si bien que les moulures ont gardé toute la vivacité de leurs arêtes. Le lambrissage, dont la dégradation était sur le point de devenir irrémédiable, a été restauré, il y a quelques années, par les soins du doyen et du chapitre ; ses plus délicates découpures ont été rétablies à grand'peine et avec une consciencieuse délicatesse, ce dont on doit faire honneur au bon goût du vice-doyen actuel, le Rév. H. Bayley, B. D.

---

(1) La rencontre de l'ogive surbaissée de la baie de fenêtre avec la corniche est un raffinement de mauvais goût : ces enchevêtrements capricieux se rencontrent souvent dans les édifices de la dernière époque.

(2) Le Dr Plot, dans son *Histoire naturelle du Staffordshire*, 1686, p. 381, décrit un « if découpé à son sommet en merlons (*crests*) et appuis (*loops*), à l'instar du crénelage d'une tour. » Ces termes se rencontrent dans un grand nombre de vieux documents. L'appui (*loop*) est le *créneau* ou l'espace situé entre deux merlons (*crest*) ou *croupes*, terme également usité dans les anciennes descriptions.

FIN DU PREMIER VOLUME.

TABLE CHRONOLOGIQUE ET HISTORIQUE

DES

MOTIFS ET DÉTAILS DESSINÉS DANS LES DEUX VOLUMES DU PRÉSENT OUVRAGE

AVEC INDICATION DES DATES

DRESSÉE PAR JOHN-ADEY REPTON, ESQ., ARCHITECTE, ET DÉDIÉE A A. PUGIN.

—————◆—————

Hares-Street, près Romford, 18 février 1823.

Cher Monsieur ,

J'ai mis tous mes soins à préparer le tableau ci-joint; j'ai étudié scrupuleusement vos planches, pour tâcher de fixer quelques dates non mentionnées dans le texte de l'ouvrage. J'ai également consulté les descriptions de cathédrales que j'ai sous la main, pour apprendre à bien distinguer les différents styles de celles dont les dates sont connues, et pour établir ensuite des comparaisons avec vos spécimens.

Les circonstances doivent être prises en grande considération, quand il s'agit de fixer la date des édifices : par exemple, pour la nef de la cathédrale d'Exeter, construite sous Édouard III, on a cru devoir adopter le système architectural du chœur, qui remonte à Édouard I : on a voulu conserver à l'ensemble une parfaite harmonie. Je pourrais encore citer la nef de la cathédrale de Norwich, où l'on a imité le vieux style normand de l'évêque Herbert. Dans les cloîtres de la même cathédrale, qui furent 133 ans avant d'être terminés, le principe de l'uniformité a également prévalu; excepté dans l'ornementation intérieure des baies de fenêtres, on a reproduit les formes en vogue sous le règne d'Édouard I.

Je reste , comme toujours, votre fidèle ,

J.-A. Repton.

PREMIÈRE PÉRIODE : 1100-1250.

	HENRY I.	ÉTIENNE.	HENRY II.	RICHARD I.	JEAN.	HENRY III.
	1100		1150		1200	1250

VOLUME I.

Nᵒˢ
2. Maison des Juifs, à Lincoln 1140
5. Église de New-Shoreham . . . . . .
3. Ancienne porte cochère à Lincoln . . . . 11 50 . . [de 1170 à 1180]
4. Ancienne porte à Lincoln 1120
6. Portail S. de l'église Stᵉ-Marie à Lincoln 1230
30. Voûtages à Lincoln et à Westminster . . . . [12 50]

VOLUME II.

51. Ornement de l'abbaye de Westminster D. E. F. G. . . . . [12 50]
17. Église d'Iffley (porte méridionale) . . . . . [1100]
18. Détails de l'église S. Sauveur, etc. . . . [1120 à 12 50]
45. *Triforium* de l'abbaye de Westminster . . . [1240 à 1260]
47. Voûtage de l'église S. Sauveur . . . [1220 à 12 50]
48. Chapiteaux et bases 1240

DEUXIÈME PÉRIODE : 1250-1400.

	HENRY III.	ÉDOUARD I.	ÉDOUARD II.	ÉDOUARD III.	RICHARD II.
	1250	1300		1350	1400

VOLUME I.

Nᵒˢ
20 et 21. Cathédrale d'York (pinacle) . . . . [13 00 à 1330]
22. *Ib.* (Plans de meneaux) . . . . [1250 à . . [13 00]
22. Cathédrale de Beverley (*Ib.*) . . . 1340
13. Église Stᵉ-Marie à Lincoln (fenêtre) . . . [1340 à . . . 14 00]
27. Cathédrale de Lincoln (écran de pierre) . . . [1340 à . . . 1380]
14. Palais de Jean de Gand (*Oriel*) . . . 1390
32, 33, 34 et 35. Westminster-Hall . . . [1380 à 1390]
15. Fenêtre de l'église de South-Carlton . . . 1390
8. Portes, à Westminster et à Lincoln, 1 et 2. . . 13 00 à . . . 1380
8. *Ib.* *Ib.*, 3 et 4 . . . 1380 à 14 00
36. Église Stᵉ-Marie, à Oxford (flèche) . . . [1250] à . [13 00]
18. Contreforts, à Oxford . . . . [1250]
19. *Ib.* *Ib.* . . . 13 50

VOLUME II.

51. Ornements, à l'abbaye de Westminster, A. B. C. . . . 14 00
44. Coffre de M. Ormerod . . . [13 50 à . . . 14 00]
31. Monument de John d'Eltham . . . après 1334
32. Monument d'Édouard III . . . après 1377
26. Fenêtres (1, 4 et 5) . . . [1320 à . . . 1370]
25. Porte des cloîtres de *New-College*, à Oxford . . . 1380-1386
1. Porte de la chapelle de St-Étienne . . . [1340 à . . . 1360]

TROISIÈME PÉRIODE : 1400 A 1600.

	HENRY IV.	HENRY V.	HENRY VI.	ÉDOUARD IV.	RICHARD III.	HENRY VII	HENRY VIII.	ÉDOUARD VI.
	1400		1450			1500		1550

VOLUME 1.

Nos	Description	
16.	Lincoln (Fonts baptismaux à l'église Ste-Marie)	[1400 à . . . 14 50]
16.	*Ib.* (Porte du chancelier)	
17.	*Ib.* (Fenêtre d'Oriel).	1480
9.	*Ib.* (Porte du palais épiscopal)	
59.	*Ib.* (Chapelle de l'évêque Longland) . . .	1440
31.	*Ib.* (Chapelle de l'évêque Flemyng). . . .	[1420 à 1440] . . . . [1521 à 1547]
10 et 11.	Portes S. et O. de l'église de Tattershall	1455
37 et 38.	Château de Tattershall (deux cheminées)	1440
42, 43, 44 et 45.	Crosby-Hall	1460 à 1470
7.	Six portes à linteaux droits	[14 50 à . . . . . 15 00]
28.	Variété de panneaux.	[1400 à . . . . . . 1510]
40.	Tuyaux de cheminée à Windsor et à Lincoln.	[14 50 à . . . . . 15 00]
54.	Spécimens d'ornementation	Henry VII
16.	Spécimens de fenêtres	[1400 à . . . . . . 15 00]
23.	Consoles et piédestaux	[1400 à . . . . . . 15 00]
41.	Quatre tuyaux de cheminée à Éton	15 00 à 15 50
12.	Windsor (Entrée du réfectoire). . . .	1519
39.	*Ib.* Deux cheminées	15 00
48.	*Ib.* Niche de l'évêque Beauchamp . . .	1460
52.	Travée de la chapelle d'Aldworth	[14 50 à 1470]
50.	Windsor (deux portes).	1490 à 15 20
51.	*Ib.* (Parapets)	1490
49.	*Ib.* (Fenêtres de l'aile S.)	1460
	4 planches de la chapelle de Henry VII.	15 20
	Tombe monumentale de Henry VII . . .	1516 à 1519
29.	Abbaye de Westminster (tympans) . . .	15 02
30.	*Ib.* Voûtage.	15 02
23.	*Ib.* Consoles et piédestaux.	1400 à
24.	Oxford : pinacles et tourelles	[14 50 à . . . . . 15 00]
17.	*Ib.* (fenêtres, sauf le n° 5).	[14 50 à . . . . . 15 00]
19.	*Ib.* (Contrefort du collège de la Madeleine).	[14 50]
19.	*Ib.* (Pinacle du dit contrefort)	[14 50]
25.	*Ib.* Balustrades	14 50 à 15 00

N. B. La partie inférieure de la fig. 5 est saxonne; la fig. 6 date d'Édouard II ou d'Édouard III.

VOLUME II.

Nos	Description	
2 à 14.	Hampton-Court (13 pl.)	15 20 à . . . 1540
36.	Monument de l'abbé Fascet	15 00
37.	Monument d'Islyp.	15 00 à 1532
48.	Ornements (A. B. C.)	14 50
27.	Rose à Westminster	1400
33 et 34.	Monument de Henry V.	1422-1431
35.	Monument de l'évêque Dudley	après . . . 1483
19.	Oxford : porte du collège de Merton. . . .	[14 50]
19.	*Ib.* : porte de *Christ Church*	1525
15 et 16.	*Ib.* Église de Ste-Marie	Henry VI
28.	Fenêtre du collège de Baliol	Henry VI
29.	*Ib.* Oriel , au collège de Jésus. . . .	Henry VIII
30.	*Ib.* Tour au collège de *Brazen-Rose* . .	après 1510
39.	*Ib.* Trois niches	1440 à 1516
43.	*Ib.* Chaire en pierre du collège de la Madeleine	[vers 1470]
50.	*Ib.* Consoles, etc.	14 50 à 1520
48.	Chapiteaux et bases (1, 2 et 4)	[1400 à . . . . . . 15 00]
26.	Fenêtres (2 et 3)	[1400 à . . . . . . 15 00]
20.	Deux porches	Henry VII et VIII
21.	Porte de *King's College*, à Cambridge . .	15 00 à 1534
24.	Porte de l'église Ste-Marie, *Ib.* . . .	1478 à 1519
25.	Porte de la chapelle d'Édouard le Confesseur . .	
42.	Chaire dans la cathédrale de Worcester . .	14 50 à 15 00
46.	Tourelles de la chapelle de *King's College*, à Cambridge	Henry VIII
53 et 54.	Cheminées, dans la galerie de la reine Élisabeth.	

TABLE DES MATIÈRES DU PREMIER VOLUME.

LES Nᵒˢ SE RAPPORTENT AUX PLANCHES.

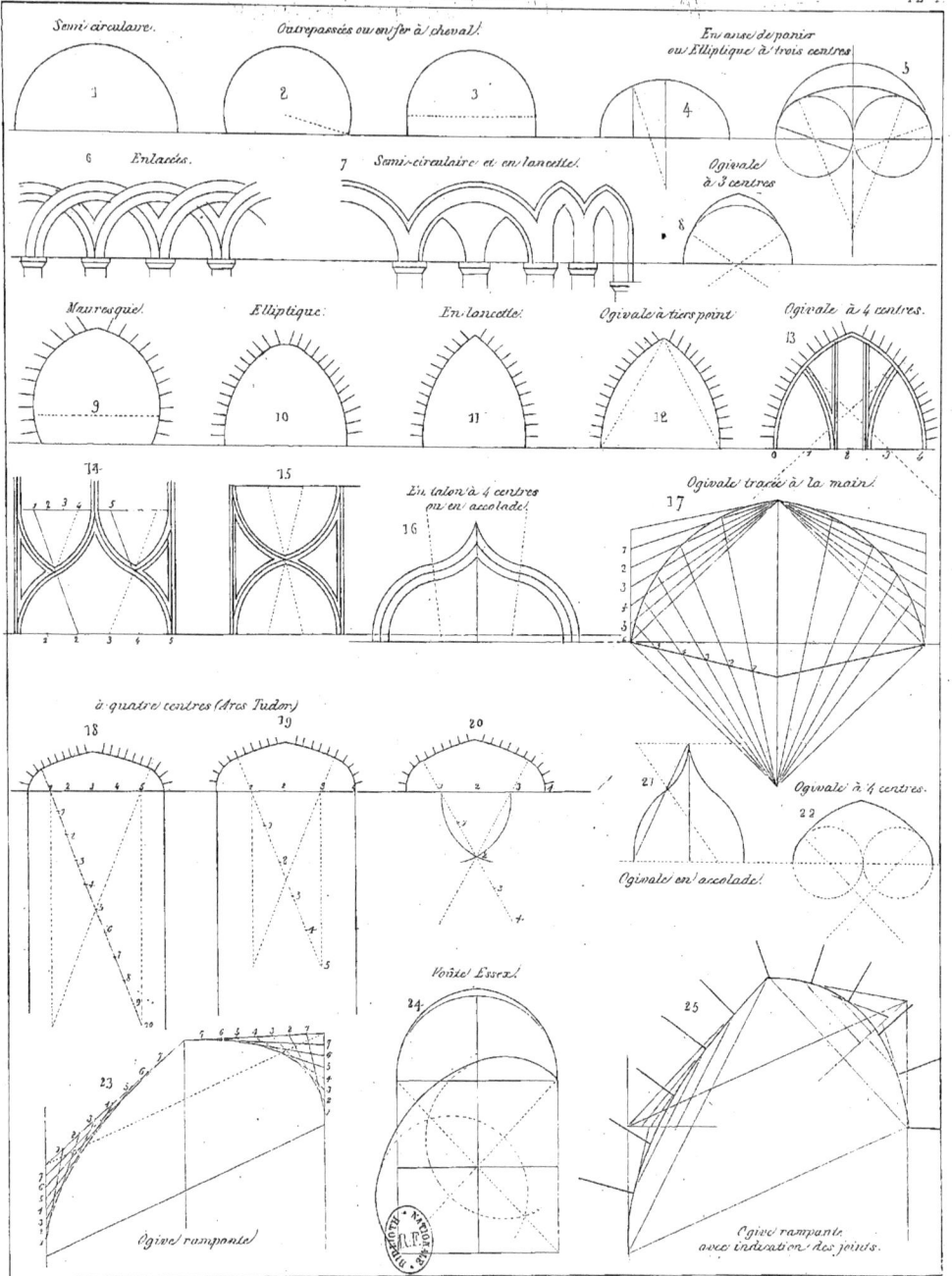

DIVERS PROCÉDÉS POUR TRACER DES ARCADES.

Établ. de E. Noblet, Éditeur.

MAISON DES JUIFS A LINCOLN — FENÊTRE ET PORTE.

ANCIENNE PORTE A LINCOLN.

N° 1.

N° 2.

D

C

C

G

A

F

F

E

E

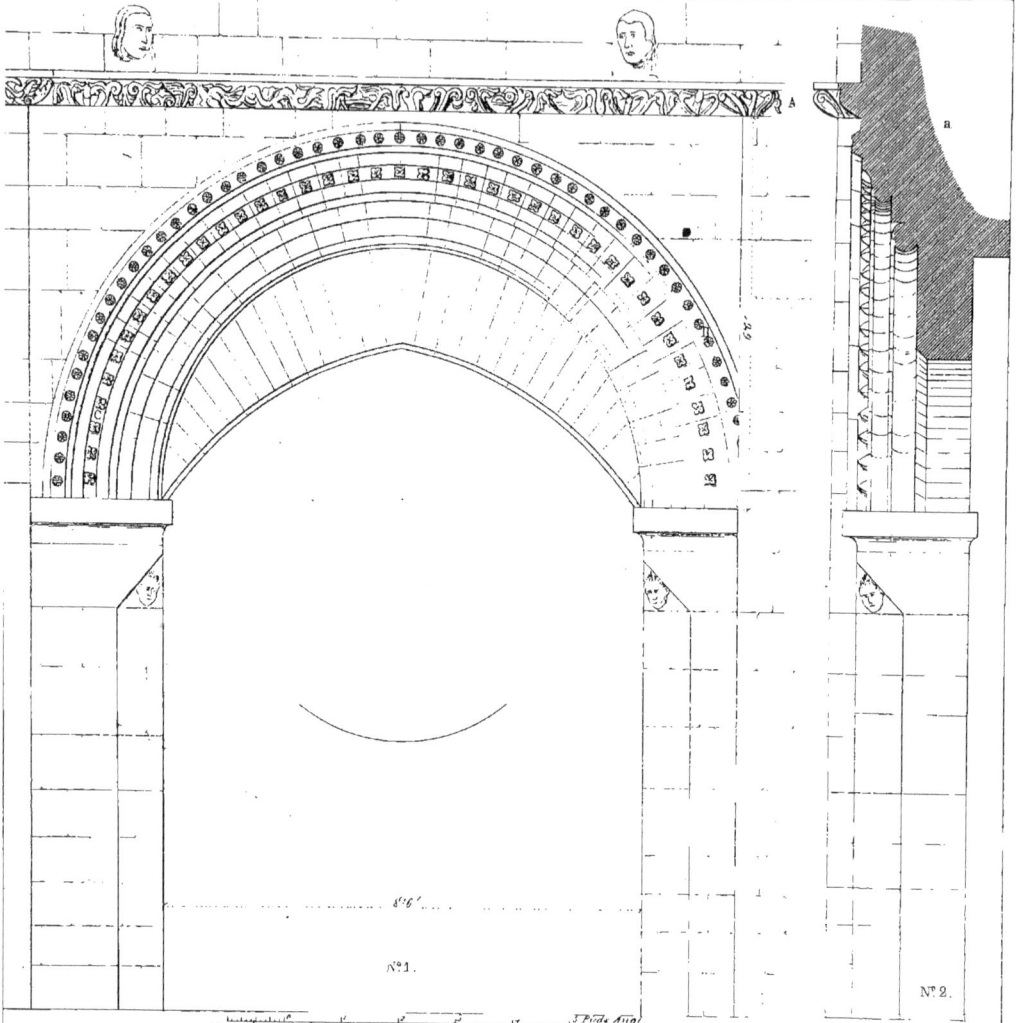

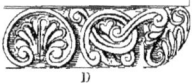

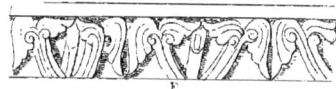

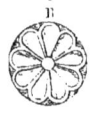

ANCIENNE PORTE COCHÈRE A LINCOLN

Établ. Lith. de A. Noblet, Éditeur.

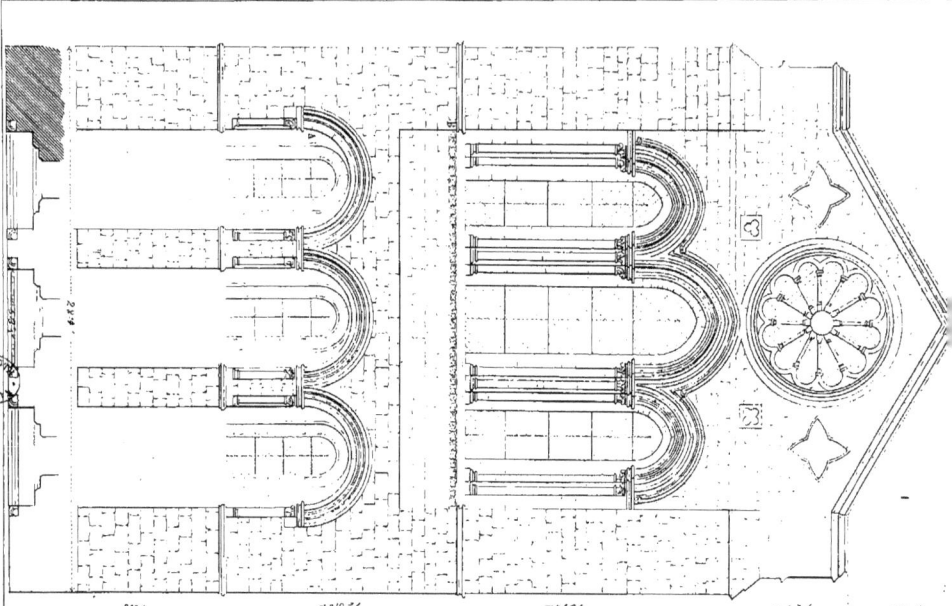

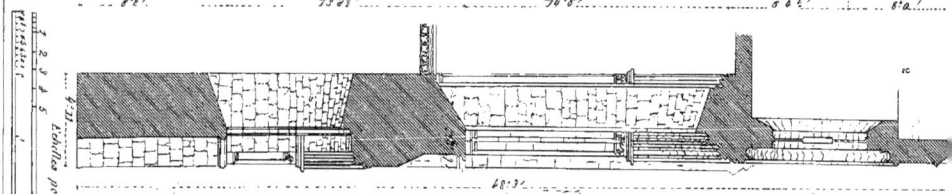

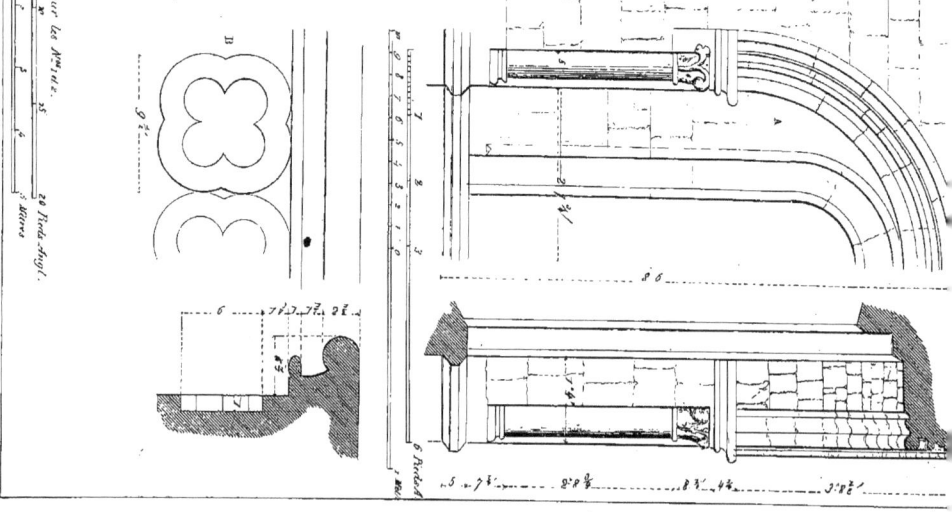

ÉGLISE NEUVE DE SHOREHAM, SUSSEX.—EXTRÉMITÉ ORIENTALE.

EGLISE Ste MARIE A LINCOLN.— PORTAIL DU SUD.

Etabl.t de E.Noblet, Editeur.

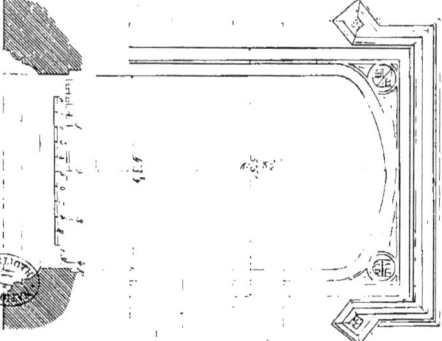
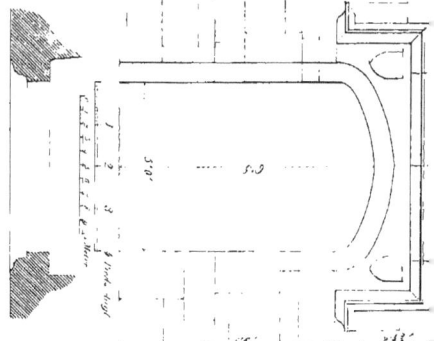
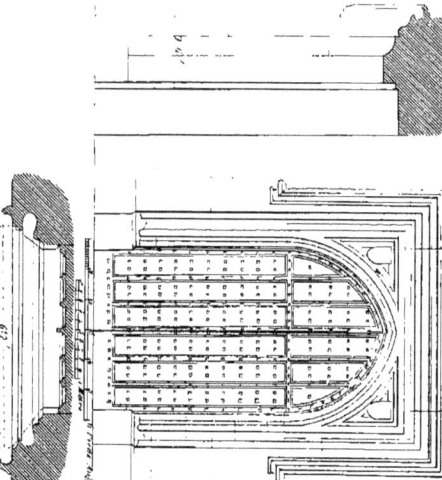
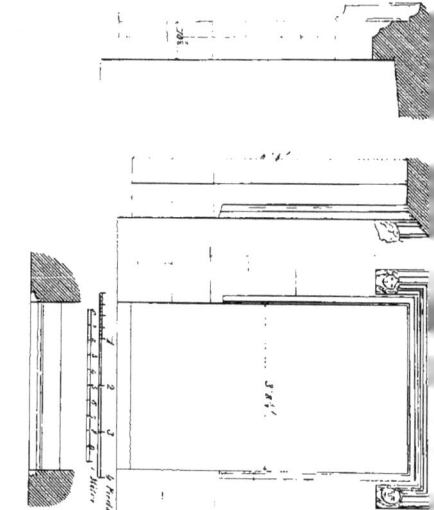
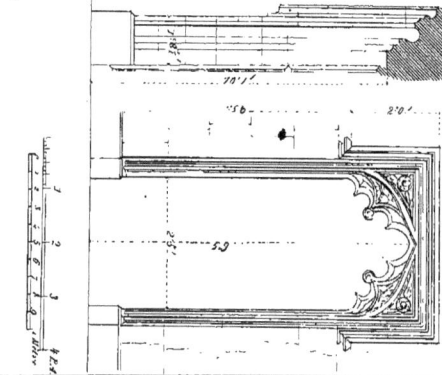
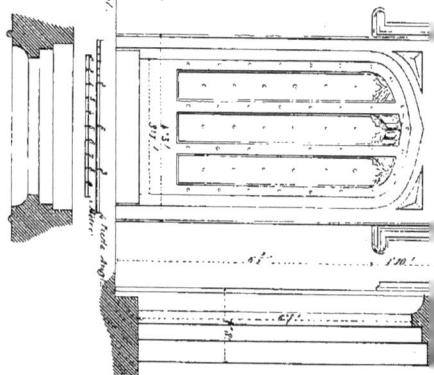

à Tattershall Castle.

Église de Harm. Essex.

Culter. Norfolk.

Publ. de E. Violet, Éditeur.

N° 1.

N° 2.

N° 3.

N° 4.

1, 2, 3. PORTES A L'ÉGLISE DE L'ABBAYE DE WESTMINSTER. 4. ID. A LINCOLN.

Établ. de E. Nublet, Éditeur.

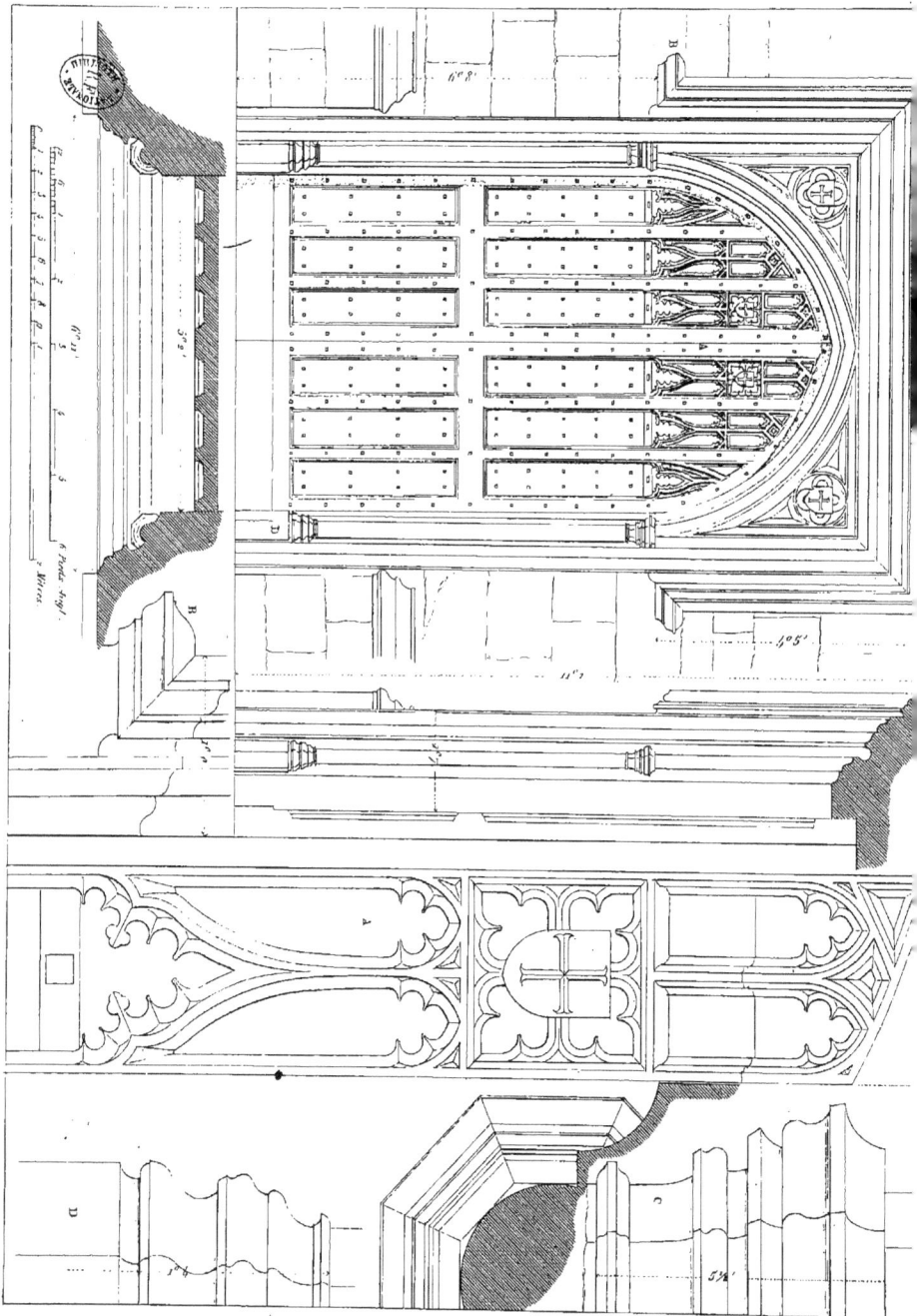

PALAIS ÉPISCOPAL A LINCOLN. — PORTE A PANNEAUX SCULPTÉS &.

Étabt.P. Lith. E. Vadot, Éditeur

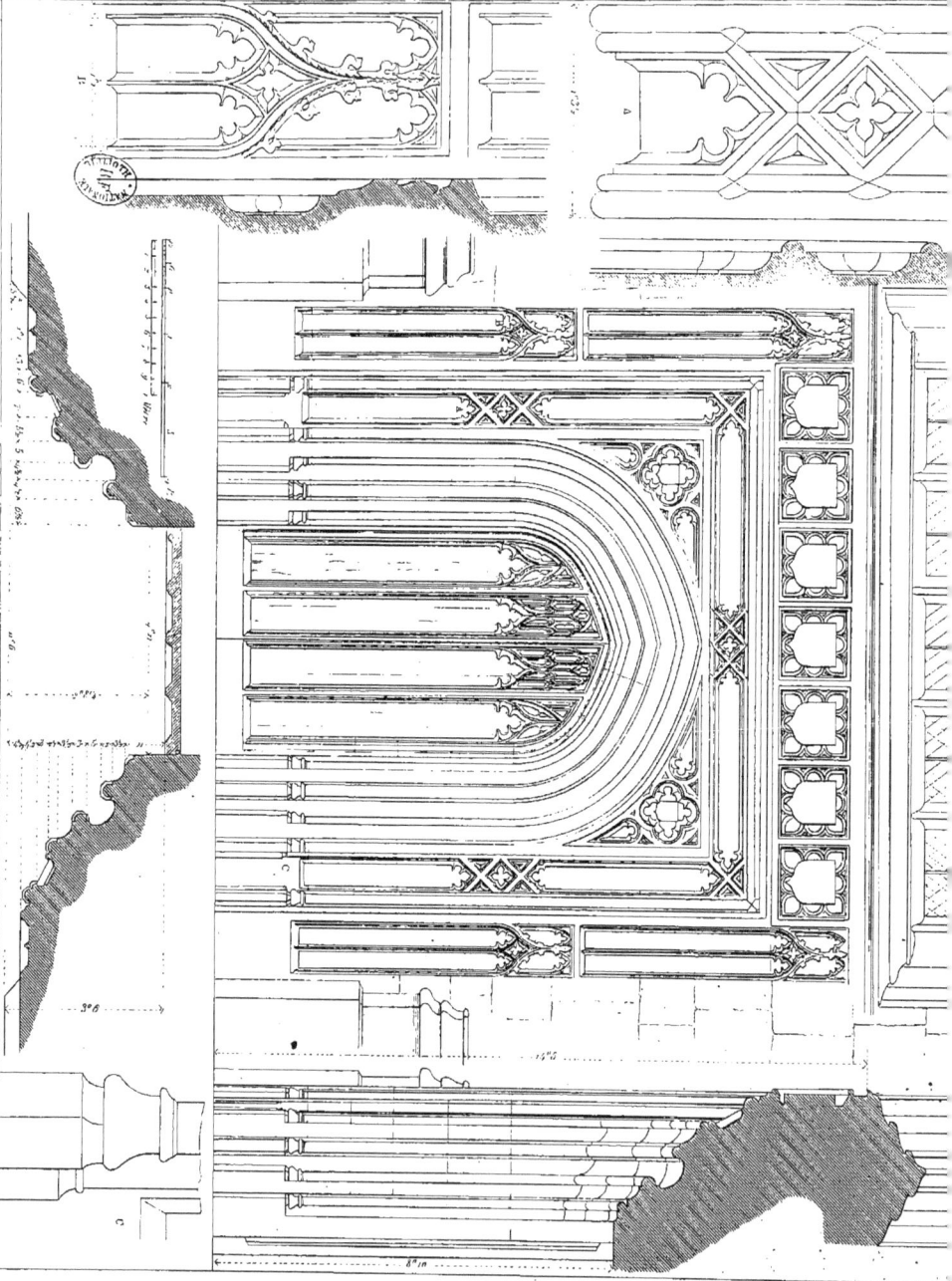

ÉGLISE DE TATTERSHALL, COMTÉ DE LINCOLN – PORTAIL OCCIDENTAL.

ÉGLISE DE TATTERSHAL. — PORTAIL DU SUD

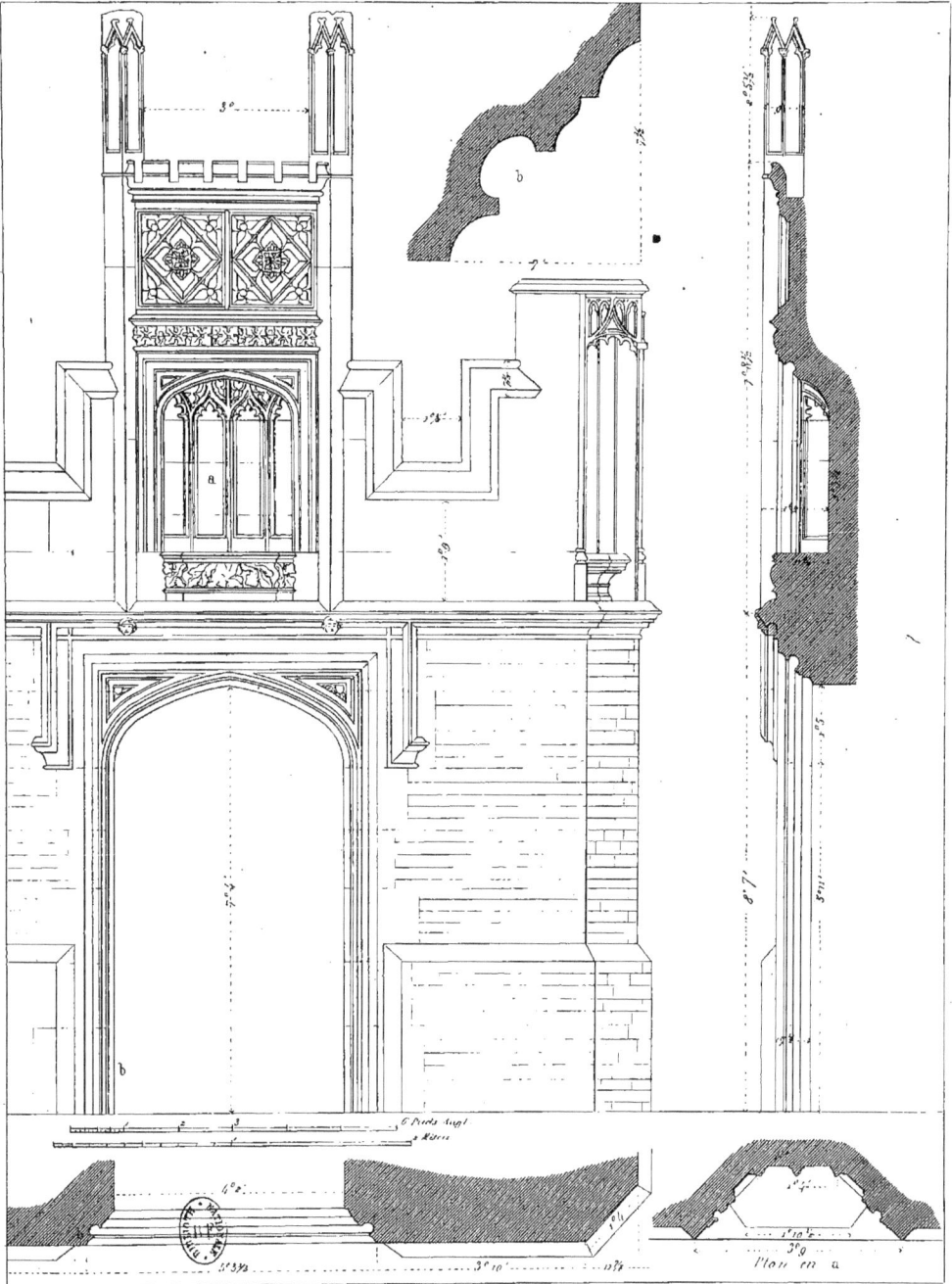

CHAPELLE St GEORGES A WINDSOR — ENTRÉE DU RÉFECTOIRE.

Établ. de E. Noblet, Éditeur.

ÉGLISE STE MARIE A LINCOLN. — FENÊTRE ET DÉTAILS.(CÔTÉ DU NORD)

Établ.t de A.Morel, Éditeur

Plan du Label.

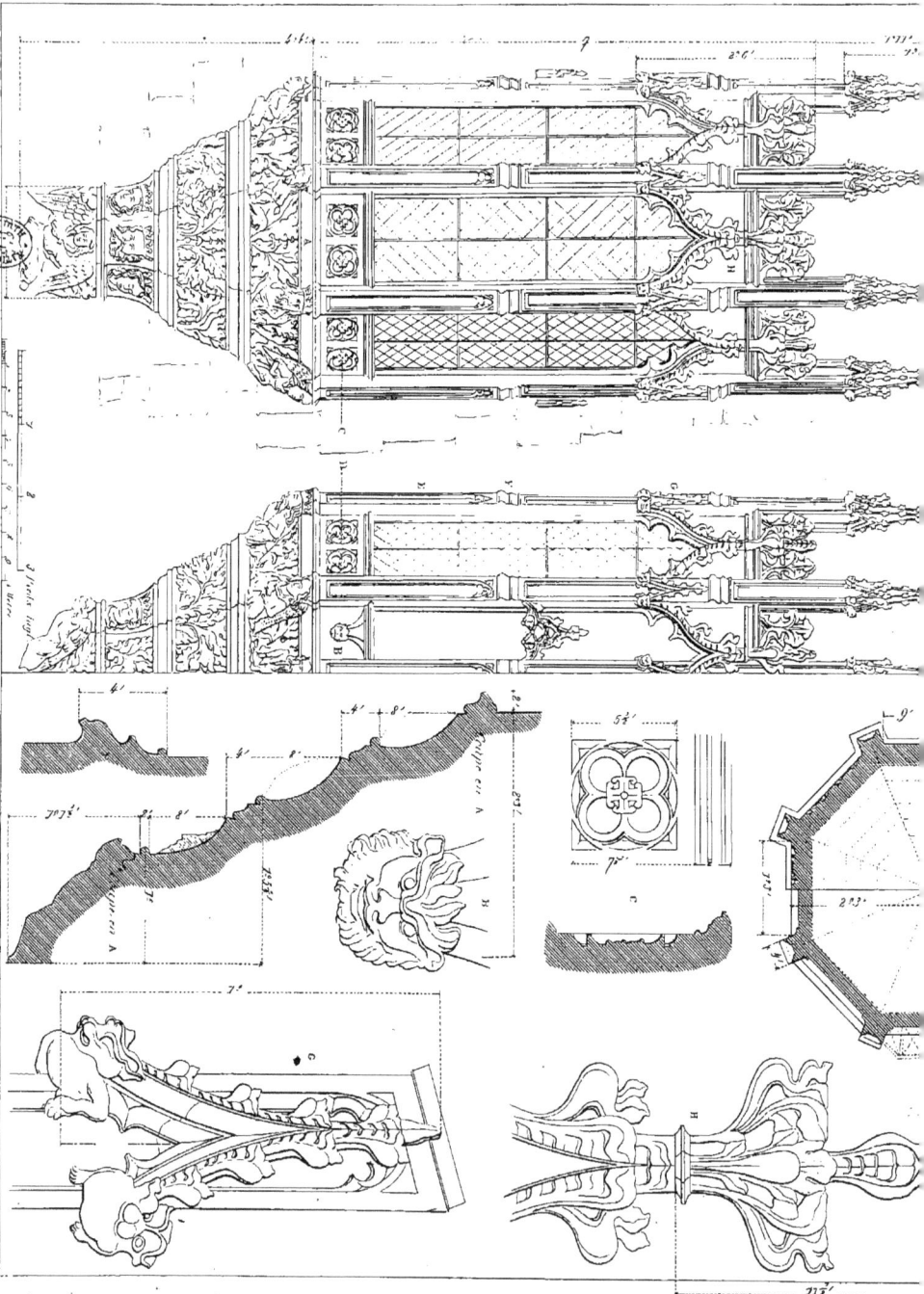

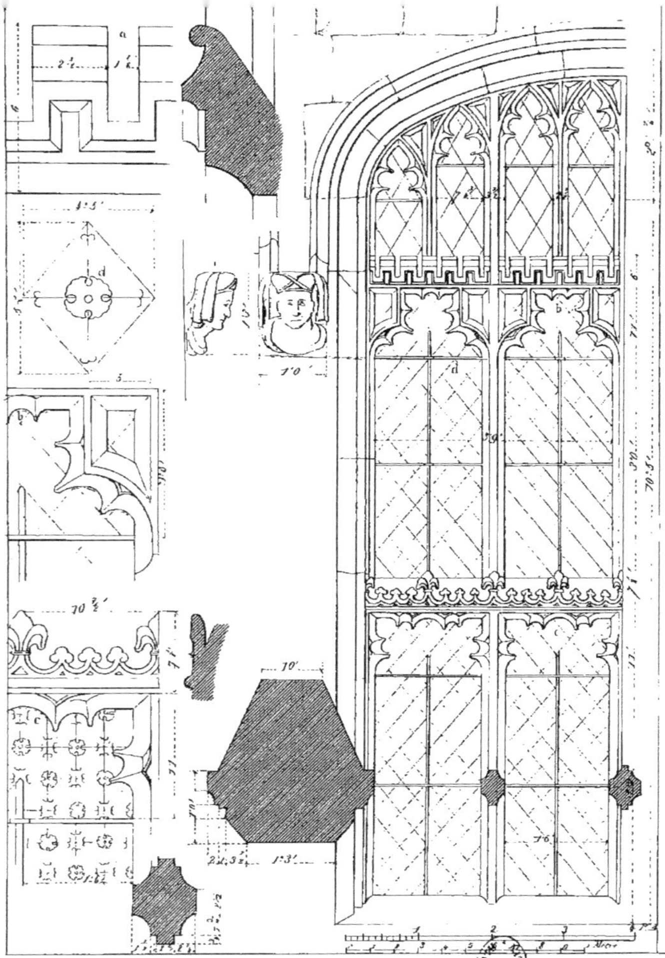

PALAIS DE JEAN DE GAND, A LINCOLN.

COTE S. DE L'EGLISE DE SOUTH CARLTON.

Etabl.t de E. Noblet, Editeur

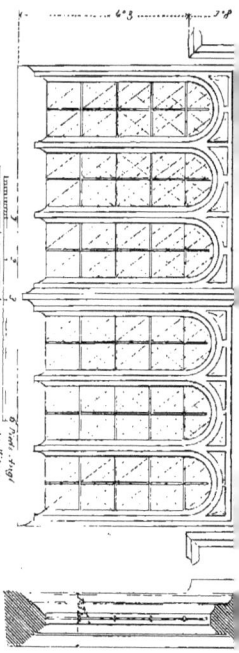

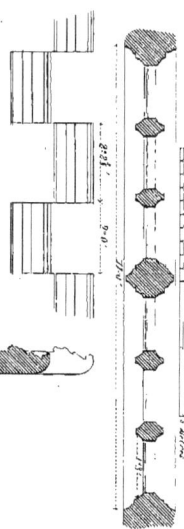

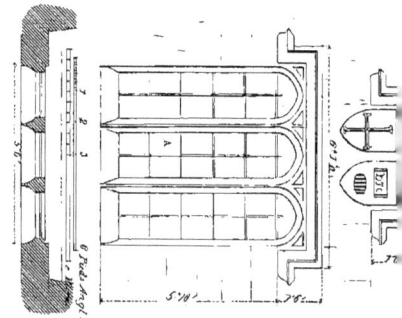

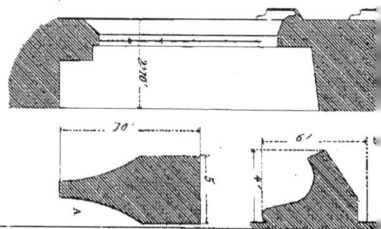

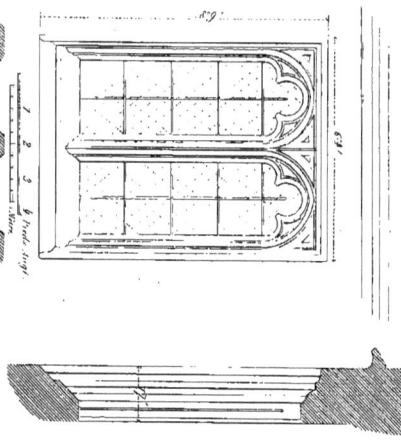

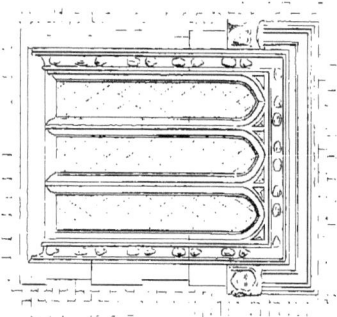

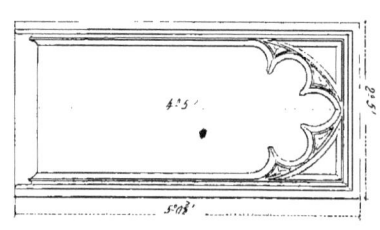

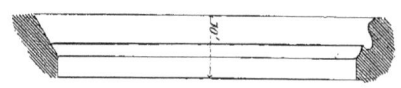

SPECIMENS DE FENÊTRES.

Maison dite Noor Hall, arc de pierre à Londres.

du grand cloître à Naples.

Cloître de Jormrale.

Lévêille A. Valée, Éditeur.

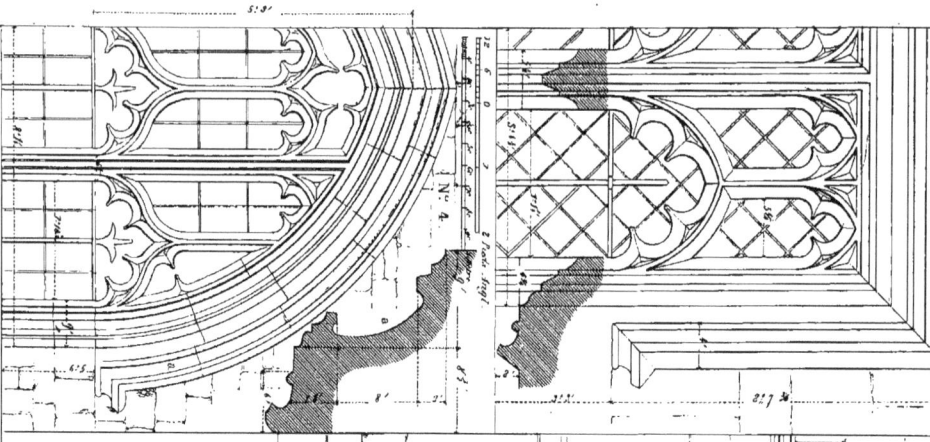

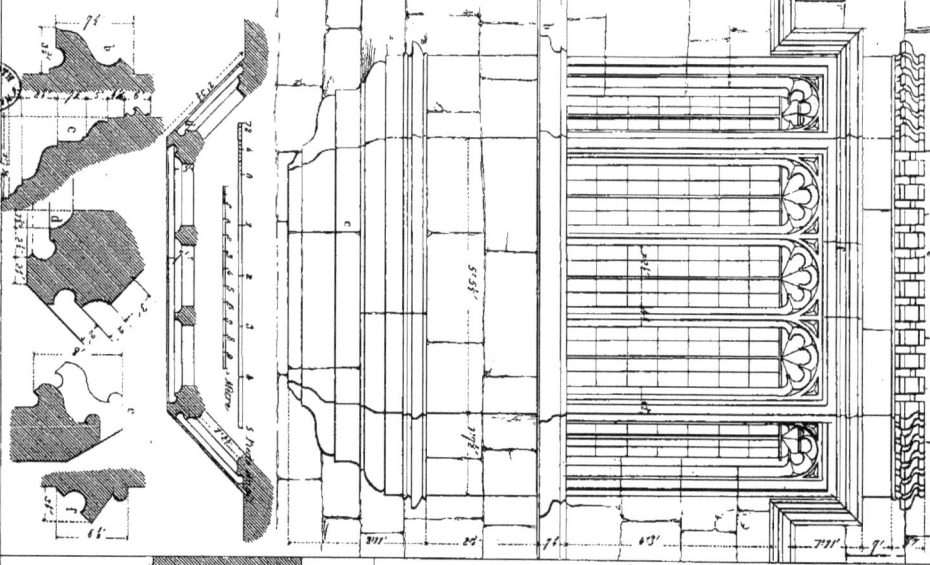

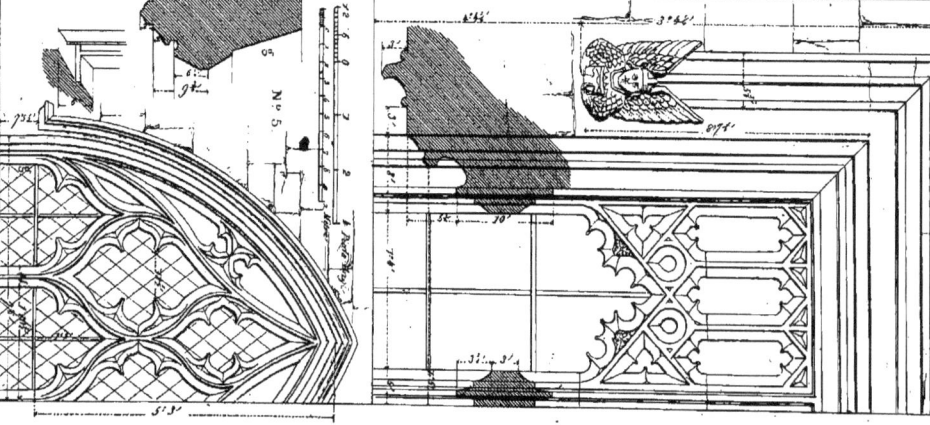

OXFORD. N° 1. St PIERRE. N°s 2 ET 5. COLLÈGE DE LA MADELEINE. N°s 3 ET 4. ÉGLISE DU CHRIST.

N° 4.

N° 5.

CONTREFORTS (A OXFORD)

Établ.t de E. Noblet, Éditeur.

Émile de l'Atelier, Architecte

Collège de Merton.

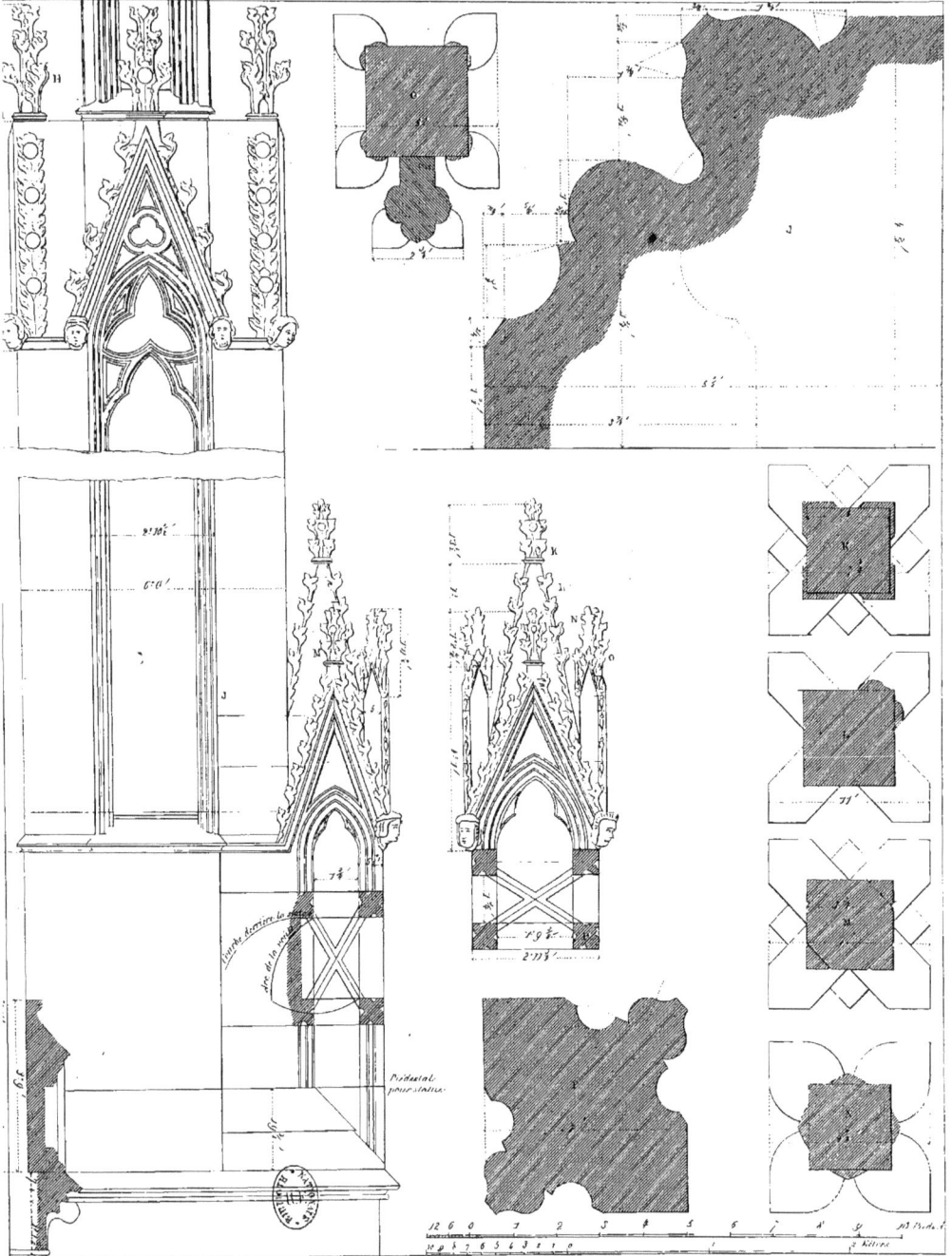

CATHEDRALE D'YORK : COTÉ S. DE LA NEF ; PARTIE INFÉRIEURE D'UN PINACLE.

Établ.' de E.Noblet Éditeur.

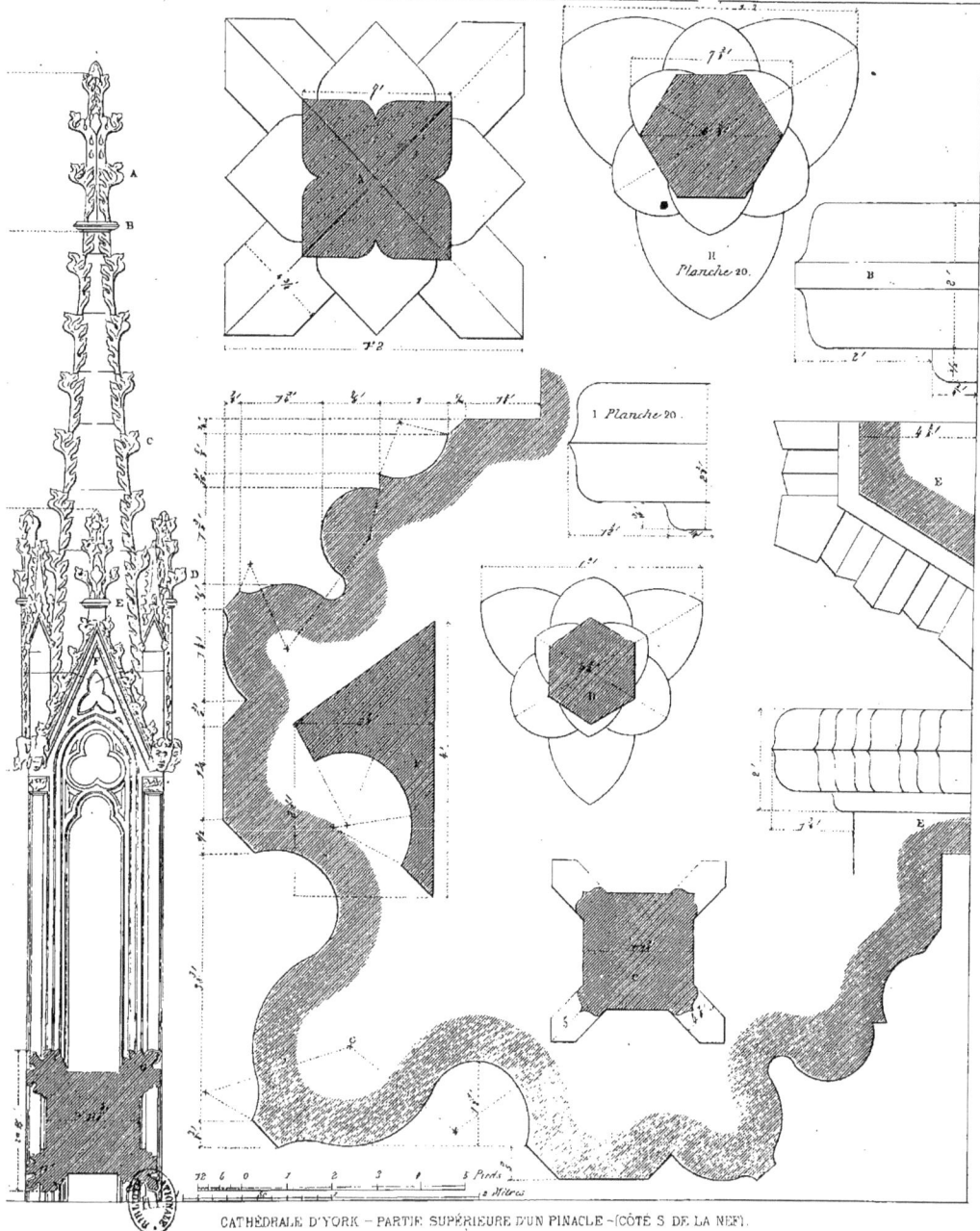

CATHÉDRALE D'YORK – PARTIE SUPÉRIEURE D'UN PINACLE –(CÔTÉ S DE LA NEF).

Étahl. de F.Noblet, Éditeur.

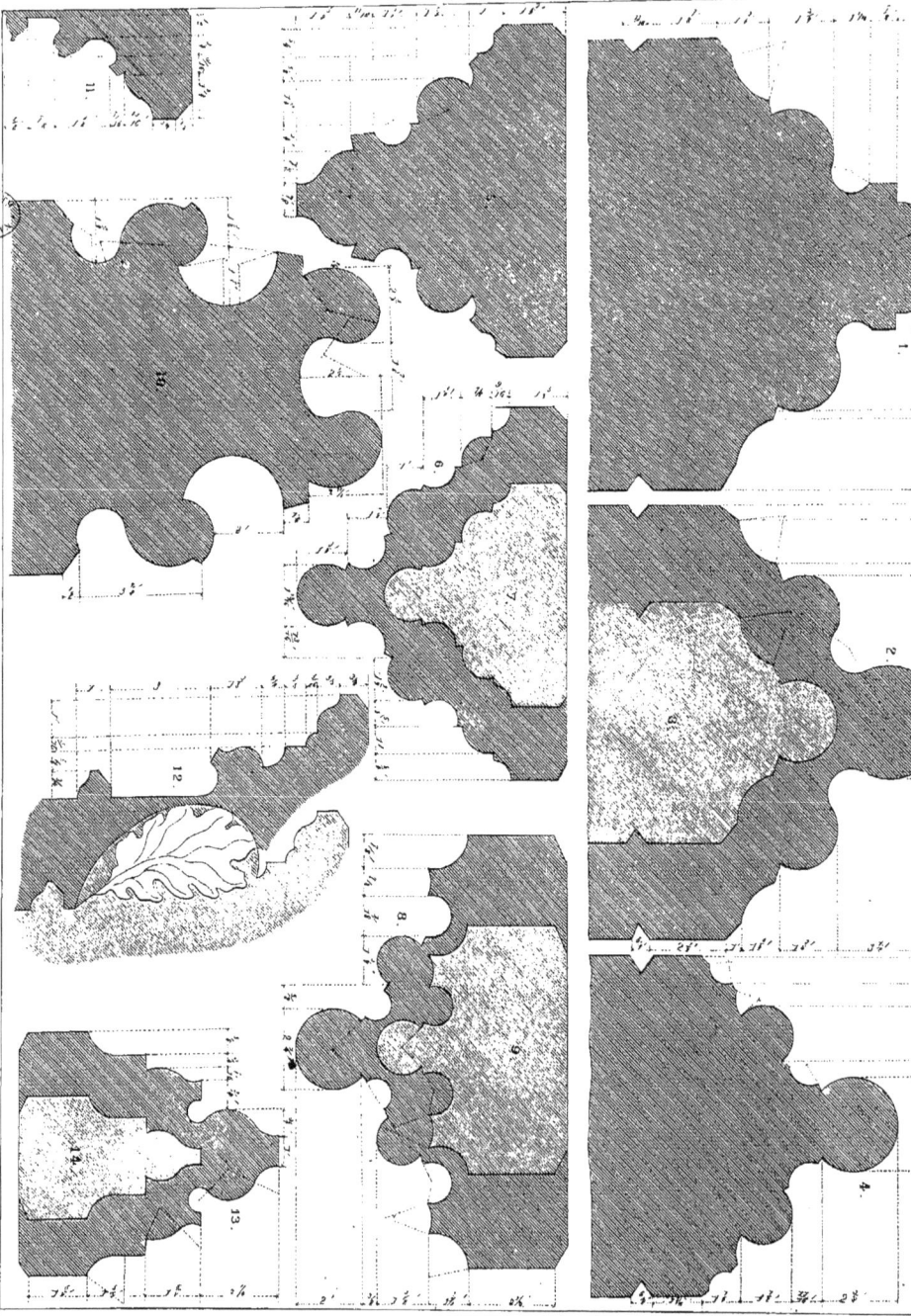

PANTHÉON DE L'ART. PARS DE PIECES METTAUX 1,2, 3,4, 5 à 7,5, 9. — CATHÉDRALE DE BEVERLEY, 1,10,10, 11, 12, 13, 14

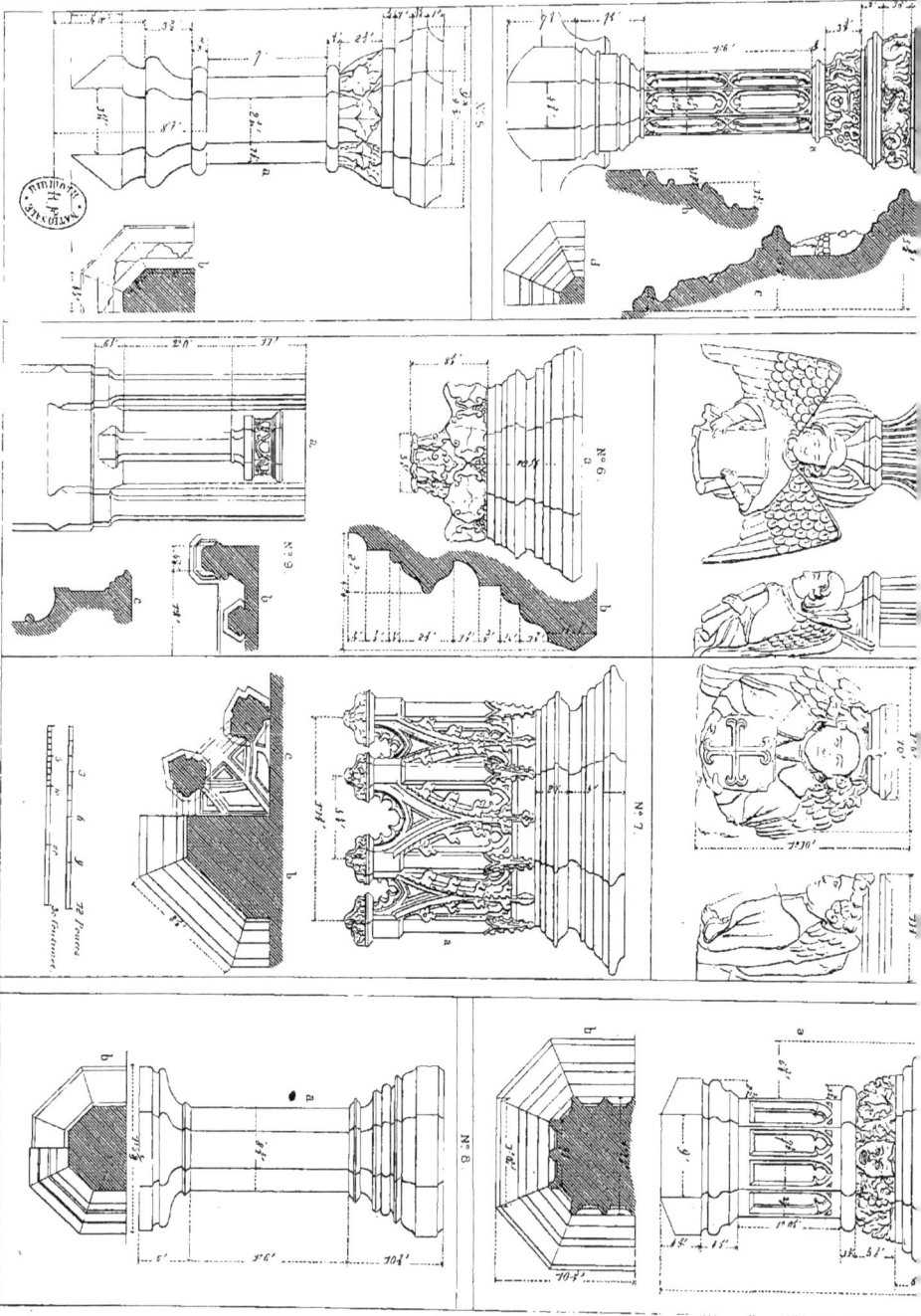

N° 5.

N° 9.

N° 6.

N° 7.

N° 8.

1.

2.

3.

OXFORD — N° 1 PINACLE. 2. TOURELLE DU COLLÉGE DE LA MADELEINE. 3. PINACLE A LA CHAPELLE DU COLLÉGE DES AMES

Établ.¹ de E.Noblet, Éditeur.

N° ... DE CHEMINÉE EN PIERRE A L'EST, 3 CHAPELLE DE LA MADELEINE, 4 COLLÈGE DE LA MADELEINE, 6 ÉGLISE DE LA MADELEINE A OXFORD, 5 CHAPELLE DU CARDINAL WOLSEY A WINDSOR, 7 ÉGLISE DE BOSTON.

Étab.t de L'Abbé Antoine.

N° 4

N° 5

N° 6

N° 7

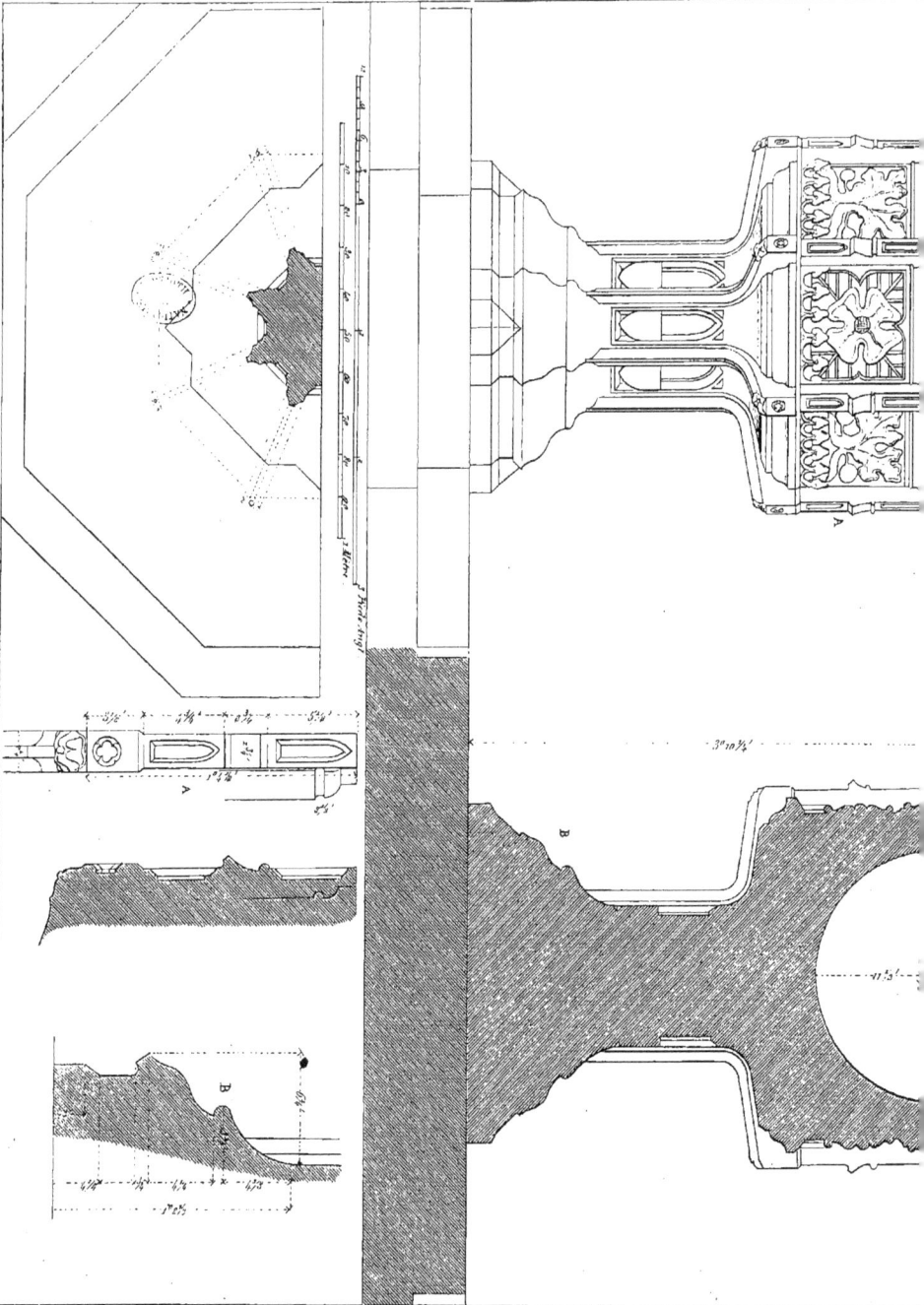

CATHÉDRALE DE LINCOLN, ÉCRAN EN PIERRE AVEC PORTE, NICHE, ETC.

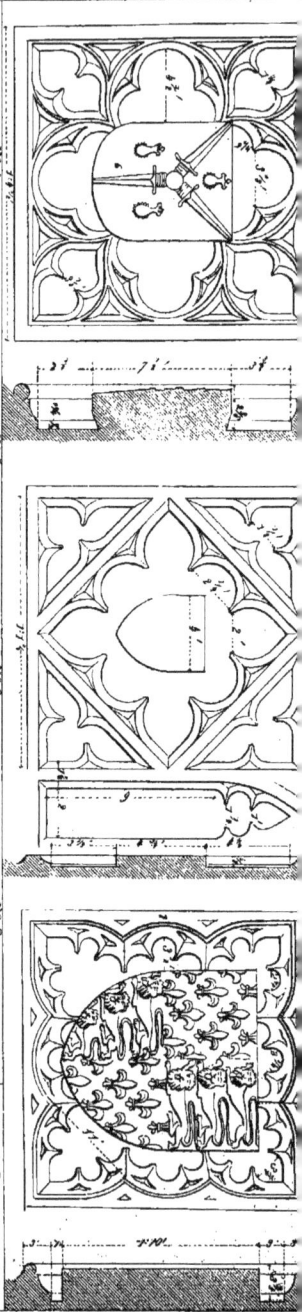

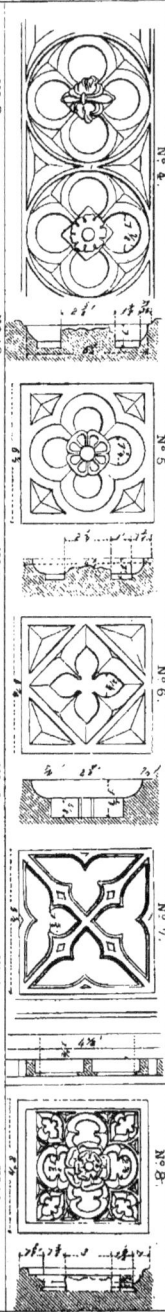

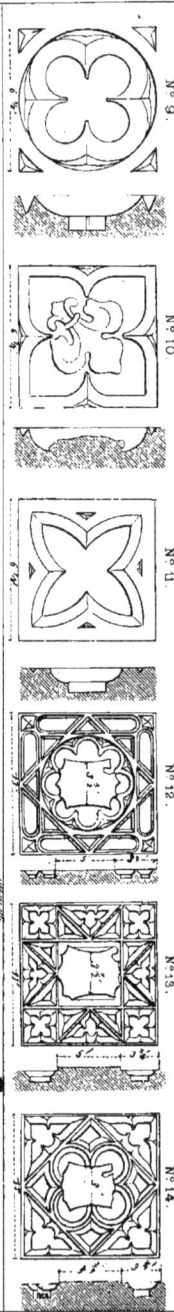

VARIÉTÉ DE PANNEAUX.

No 15.
No 9.
No 4.
No 10.
No 5.
No 11.
No 16.
No 6.
No 12.
No 13.
No 7.
No 17.
No 14.
No 8.

Publié de F. Vidal, Éditeur.

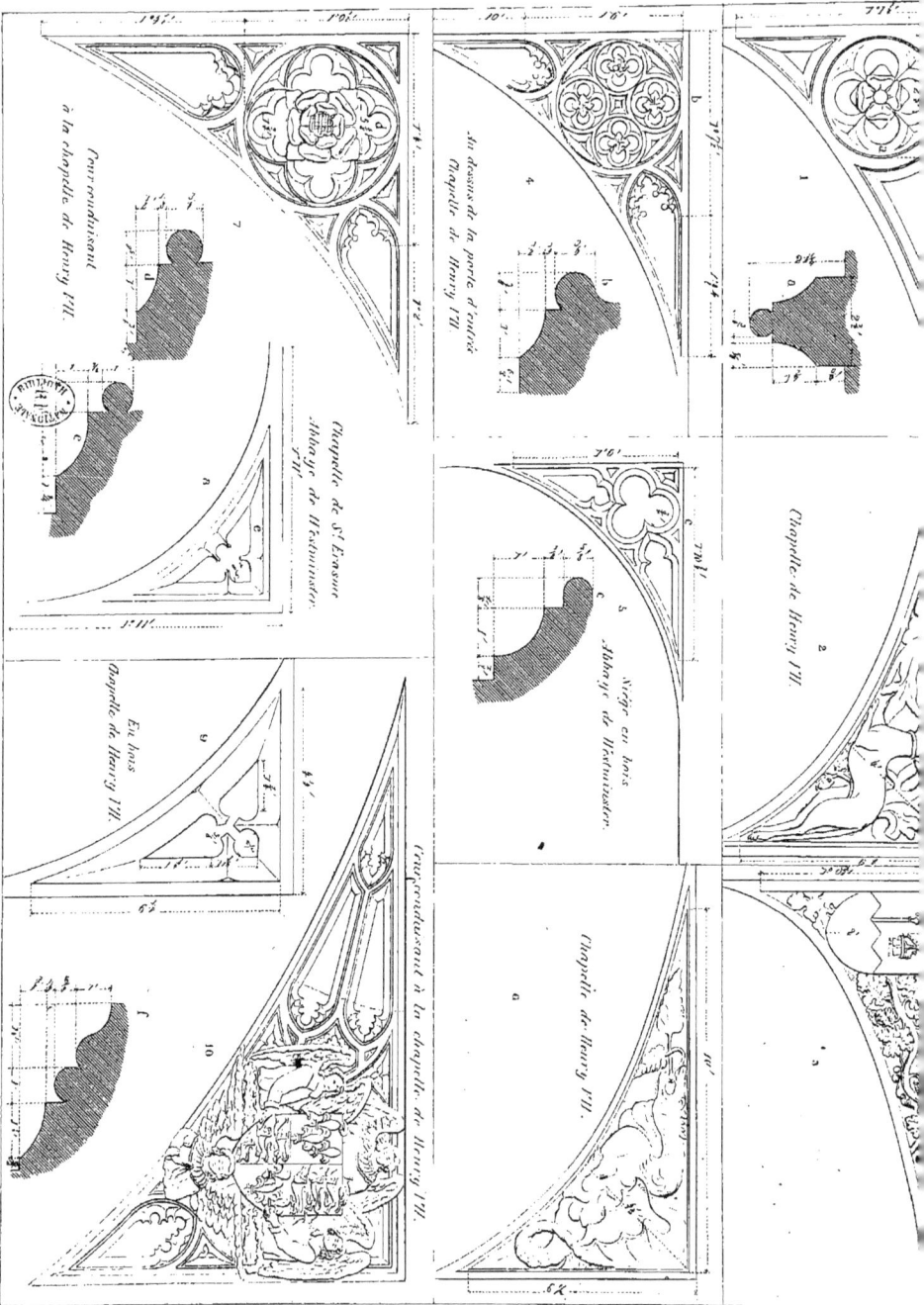

Correspondant
à la chapelle de Henry VII.

Au dessus de la porte d'entrée
Chapelle de Henry VII.

Chapelle de Henry VII.

Chapelle de St Erasme
Abbaye de Westminster.

Neige en bois
Abbaye de Westminster.

En bois
chapelle de Henry VII.

Chapelle de Henry VII.

Correspondant à la chapelle de Henry VII.

TYMPANS. N° 1.2.4.5.7.9.10. DE LA CHAPELLE DE HENRY VII À WESTMINSTER, N° 3.5.8. DE L'ÉGLISE DE L'ABBAYE DE WESTMINSTER.

Publ. de F. Noble, Éditeur.

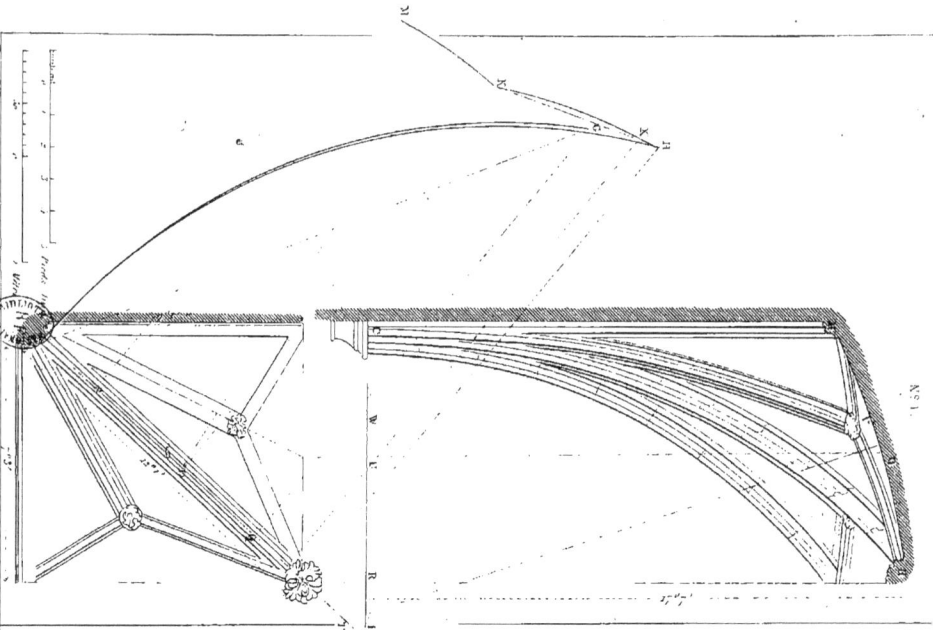

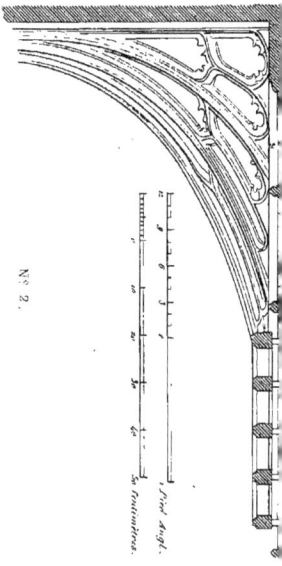

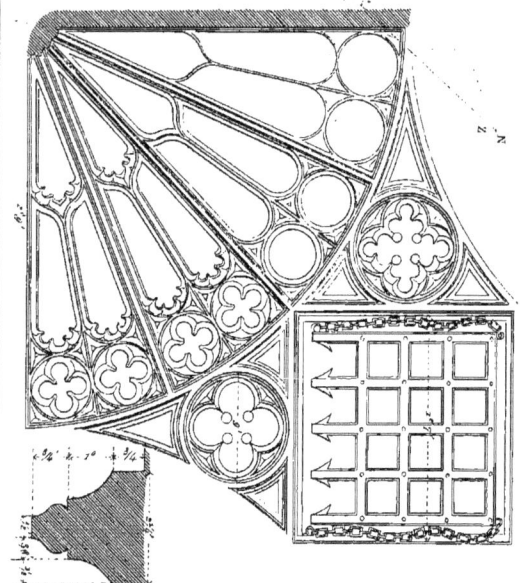

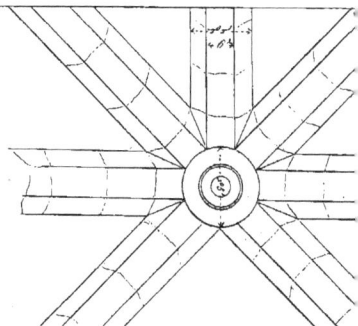

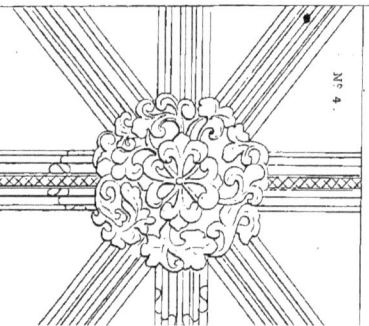

LE VOUTAGE ET NERVURES A L'ABBAYE DE WESTMINSTER. 3.4. A LA CATHÉDRALE DE LINCOLN.

Publ.ᵉ de L'Yvlièe, Éditeur.

N°.1

N°.2

N°.3

N°.4

1 Pied Angl.
50 centimètres.

CONTREFORT DE LA CHAPELLE DE L'ÉVÊQUE FLEMING, A LINCOLN.

Etabl.^t de E Noblet, Éditeur

WESTMINSTER HALL. COUPE D'UNE MOITIÉ DU TOIT AVEC DES DÉTAILS AGRANDIS.

Établ.t de E.Noblet, Éditeur.

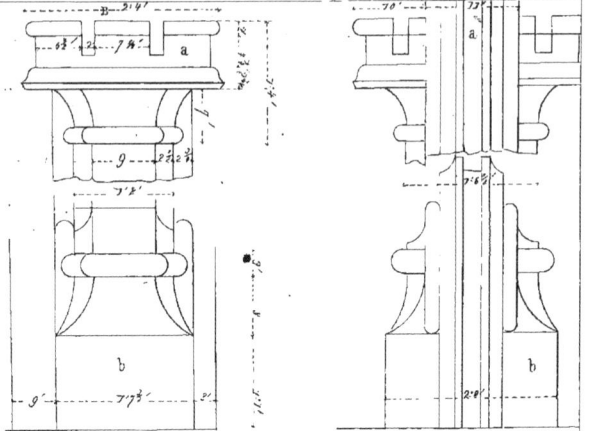

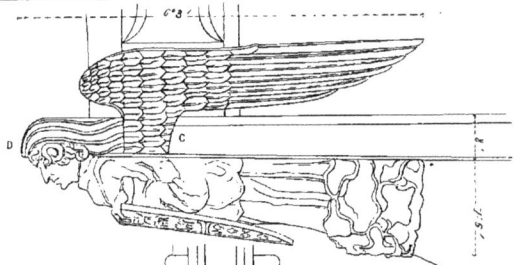

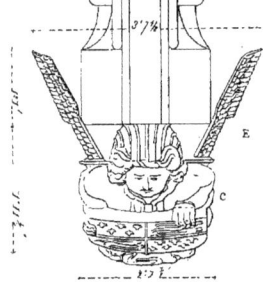

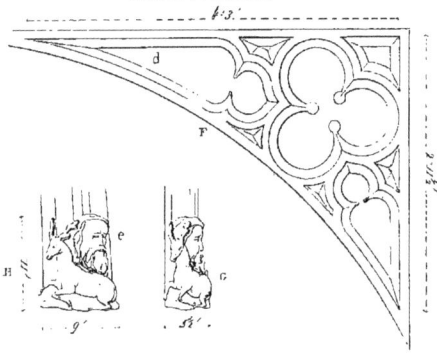

WESTMINSTER-HAL.—UN COMPARTIMENT DU TOIT, AVEC DÉTAILS AGRANDIS

Établ.t de E.Noblet, Editeur

WESTMINSTER HALL A LONDRES - FENÊTRE MÉRIDIONALE

Etabl.t de F.Schlt, Editeur.

FENÊTRE A WESTMINSTER-HAL (CÔTÉ OUEST), CONSOLES, &c

Établ.t de E. Noblet Éditeur.

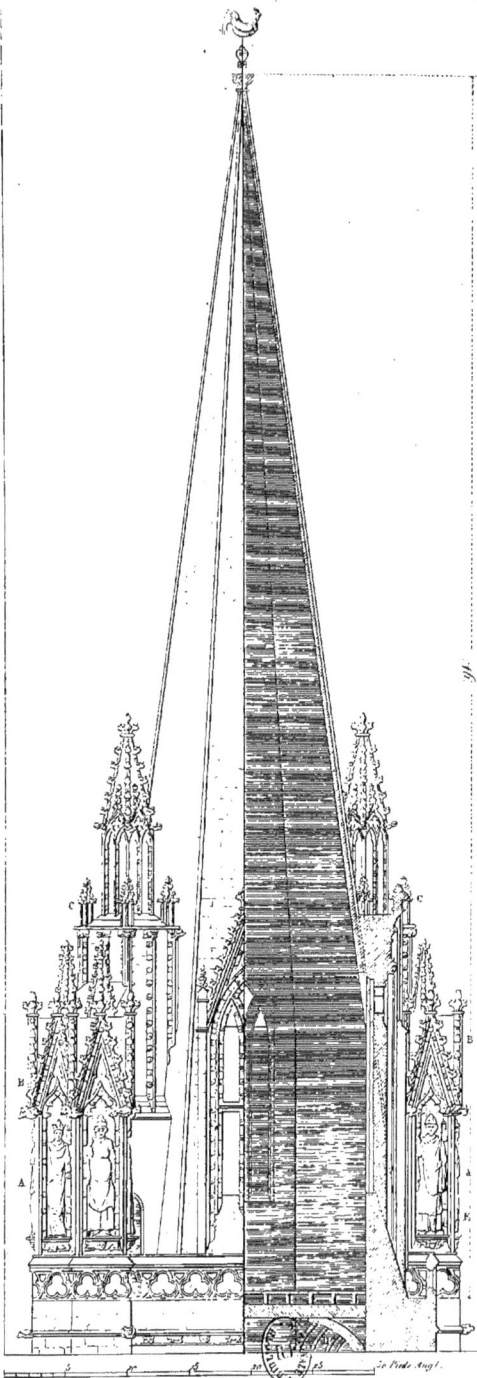

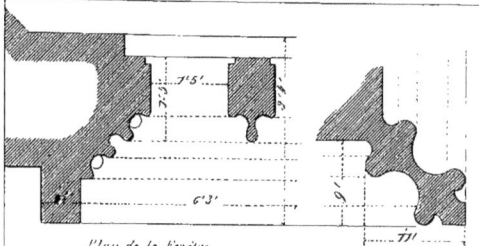

Plan de la Fenêtre.

Plan des Moulures en E.

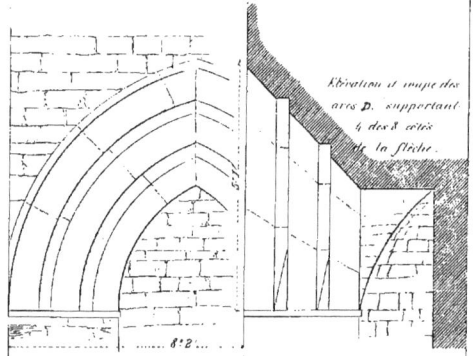

Élévation et coupe des
arcs D. supportant
4 des 8 côtés
de la flèche.

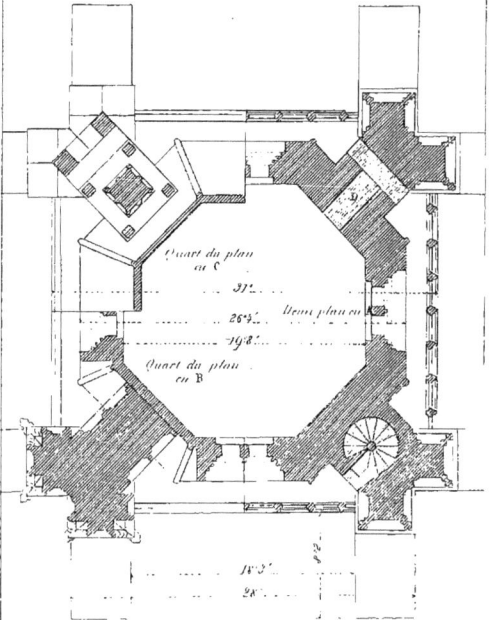

Quart du plan
en C

Demi plan en

Quart du plan
en B

Le Pied Angl.

Mètres.

ÉGLISE STᵉ MARIE A OXFORD. PLAN COUPE ET ÉLÉVATION DE LA FLÈCHE.

Publié par E. Aubert, Éditeur.

CHÂTEAU DE TATTERSHALL, COMTÉ DE LINCOLN — CHEMINÉE

Établ¹ de A. Achille, Éditeur

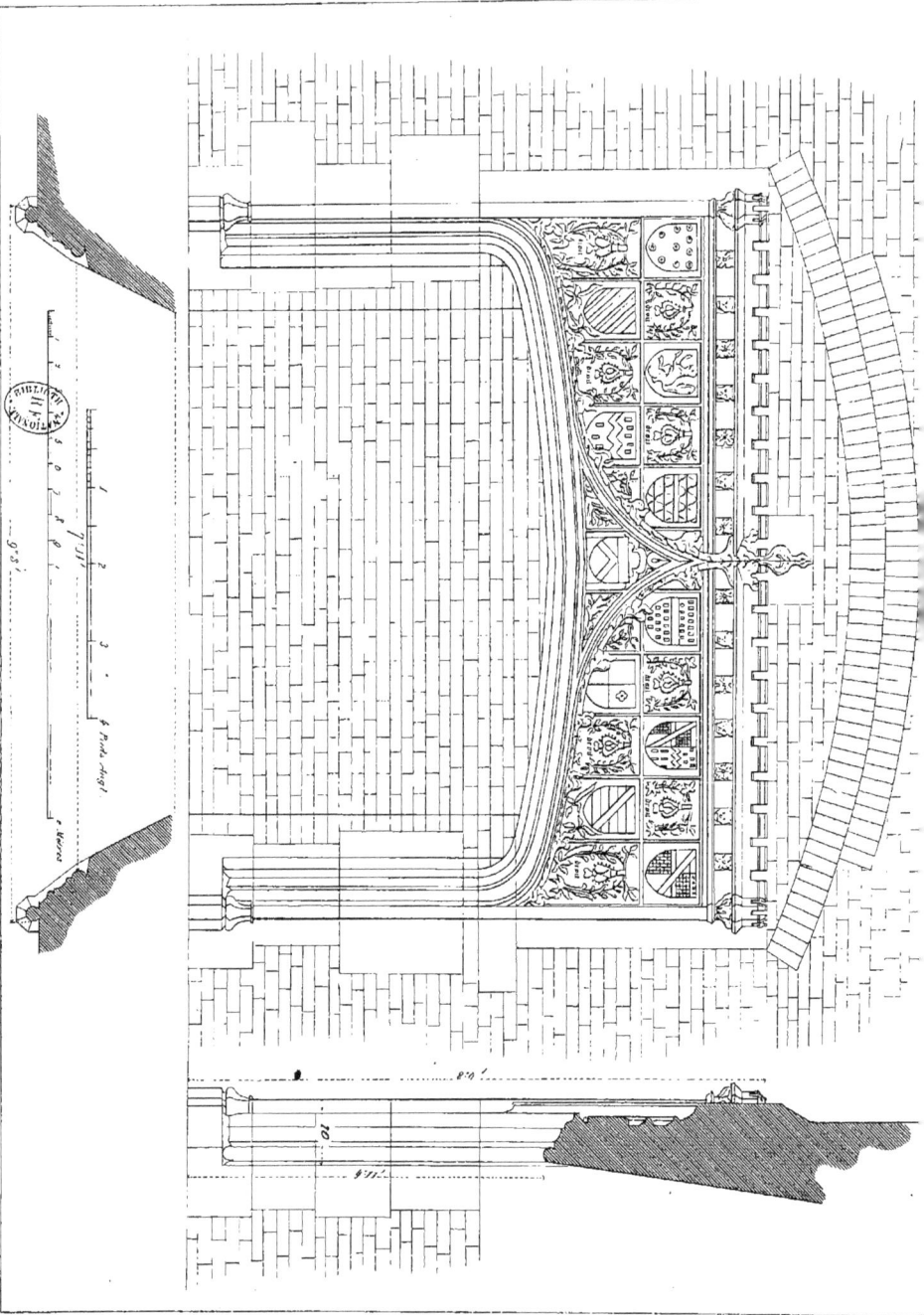

CHÂTEAU DE TATTERSHALL, COMTÉ DE LINCOLN. — CHEMINÉE.

Modelé de A. Nelin, éditeur.

DEUX MANTEAUX DE CHEMINÉE AU CHATEAU DE WINDSOR

Établ.t de E.Nohled, Éditeur.

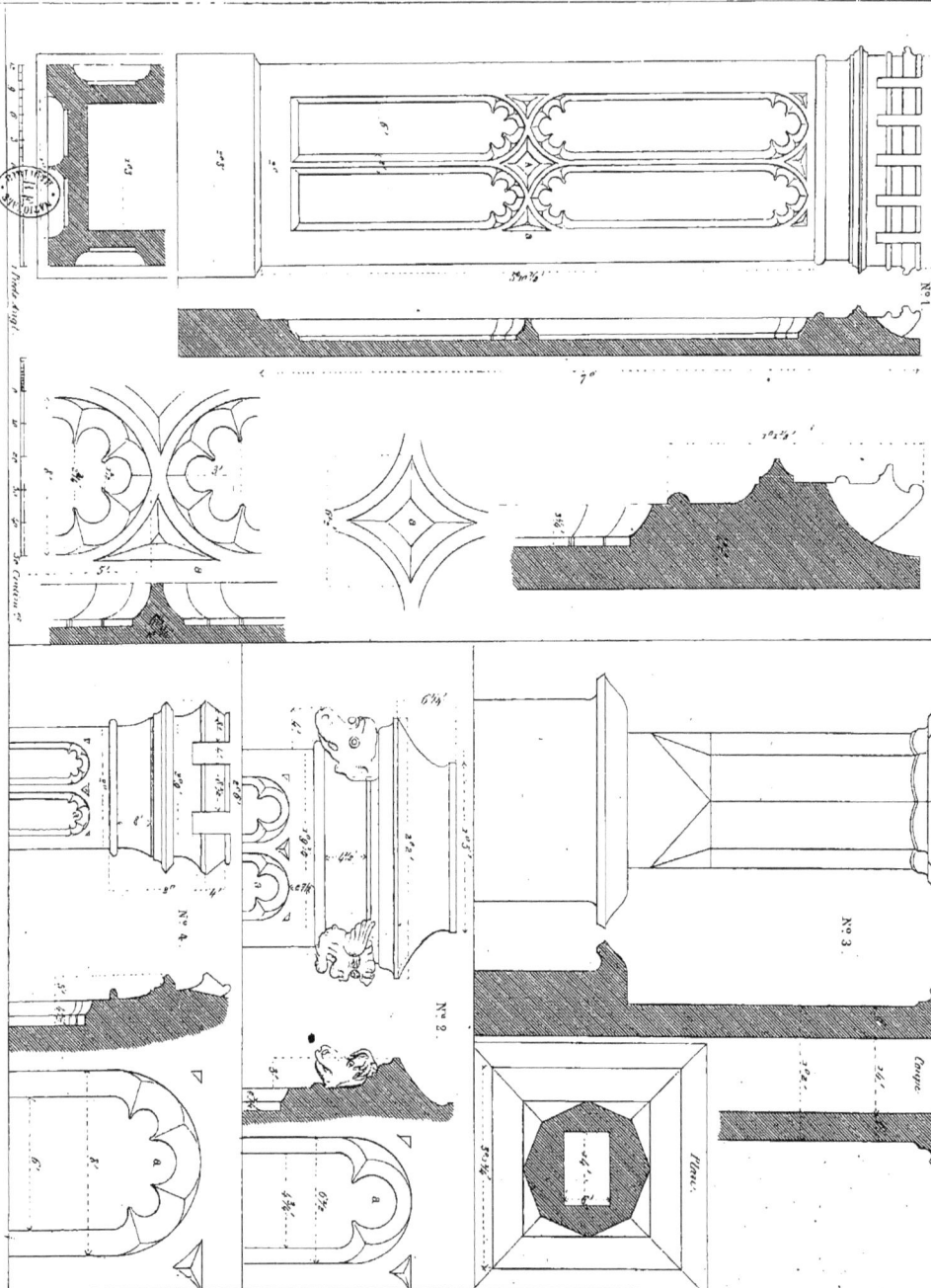

TUYAUX DE CHEMINÉE. Nº 1 AU CHATEAU DE WINDSOR. Nºs 2 ET 4 A LA CHAPELLE ST GEORGES. IBID Nº 3 A LINCOLN.

Publ. de E. Nobler, Editeur.

1 Pied Angl.

Nº 1

Nº 2

Nº 3

Nº 4

Coupe.

Plan.

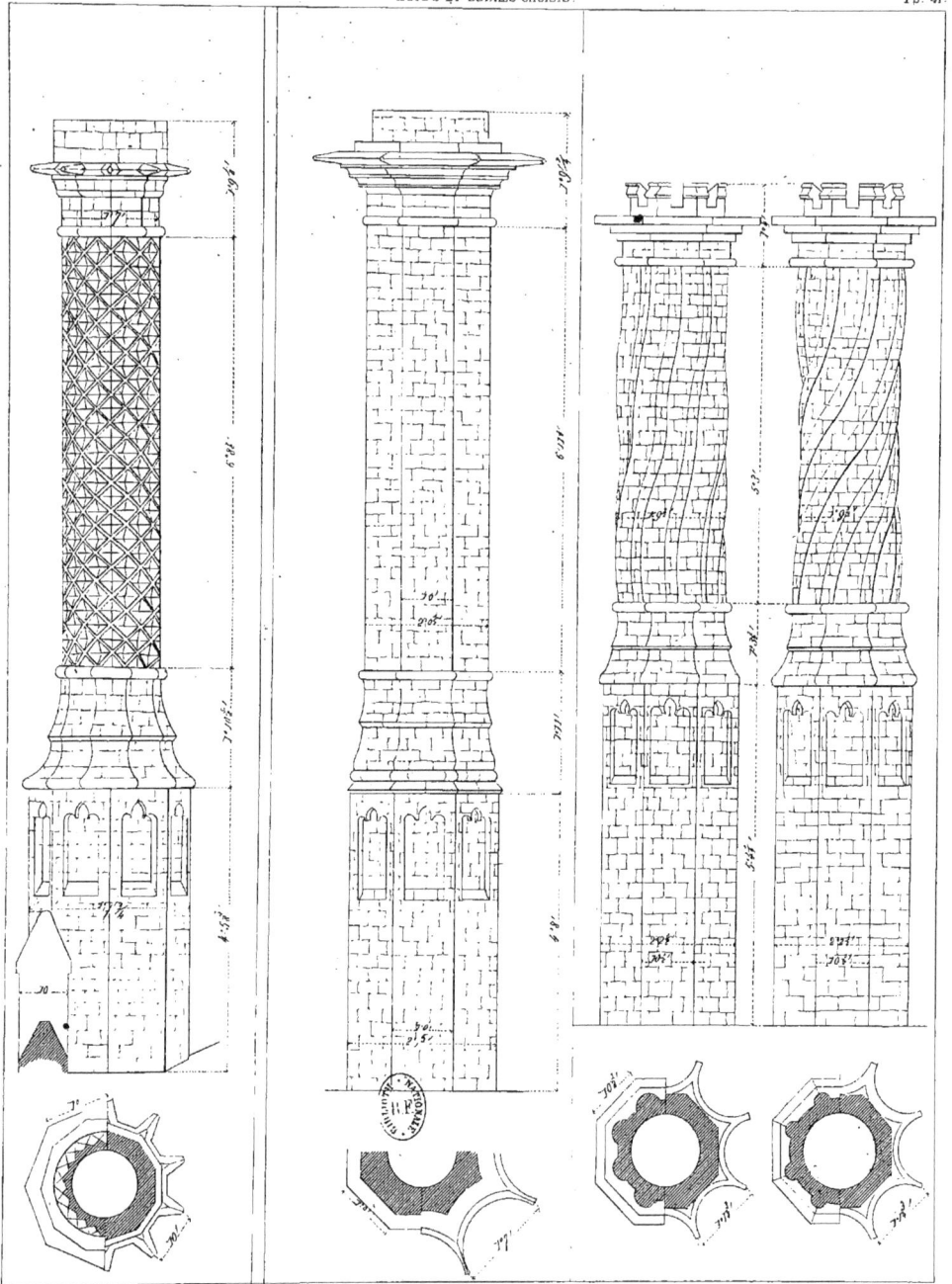

COLLÈGE D'ETON — TUYAUX DE CHEMINÉE.

Établ.' de E. Noblet, Éditeur.

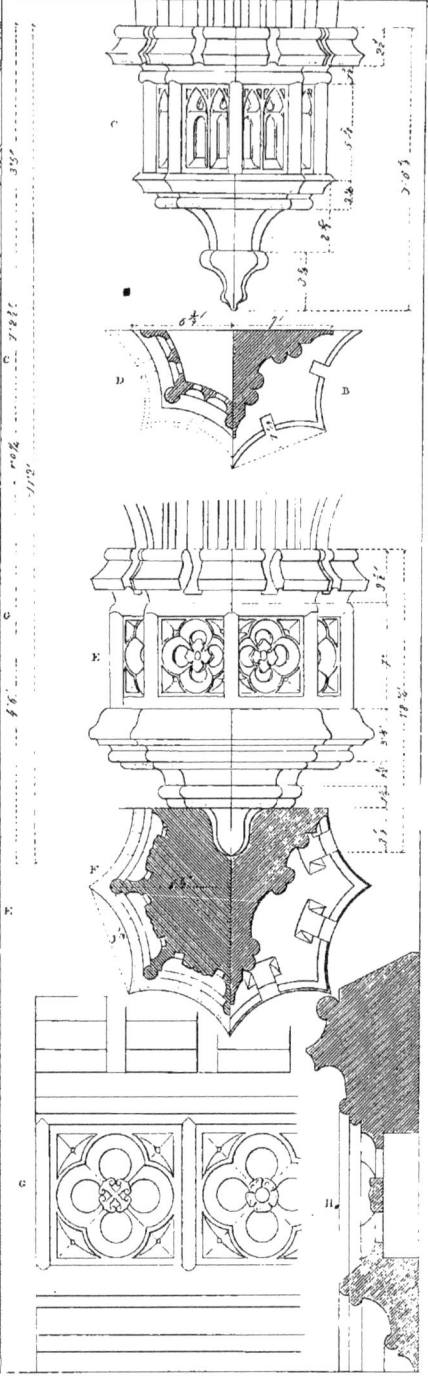

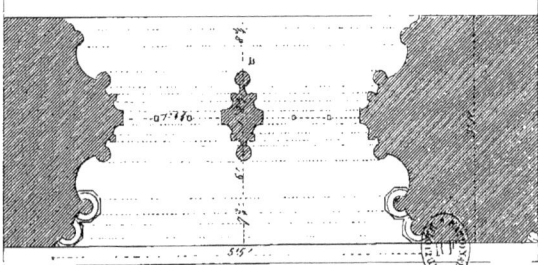

CROSBY-HALL A LONDRES PARTIE DES COMBLES ET D'UNE FENÊTRE AVEC DÉTAILS.

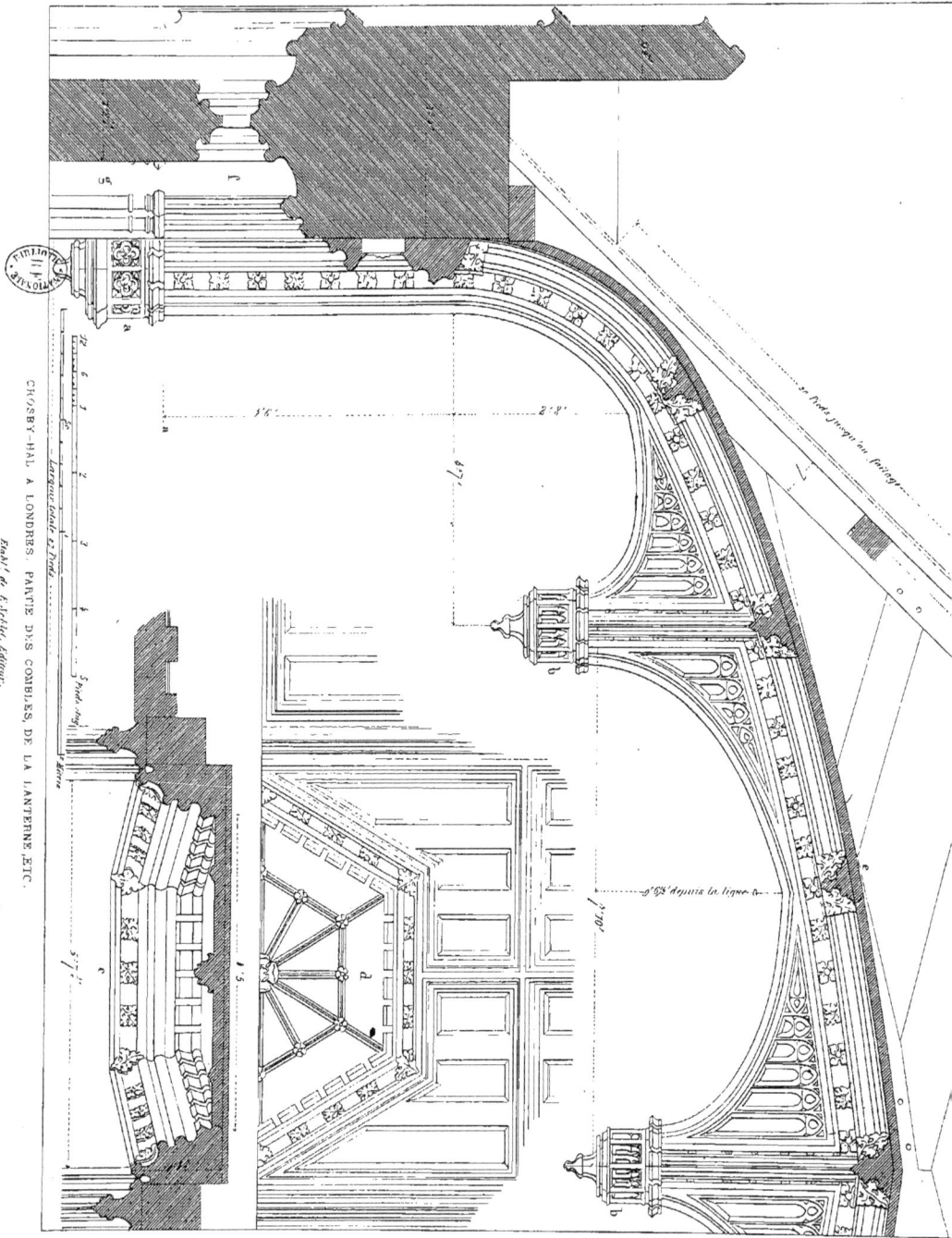

CROSBY-HALL A LONDRES. PARTIE DES COMBLES, DE LA LANTERNE, ETC.

Établ.t de L.A. chr., Éditeur.

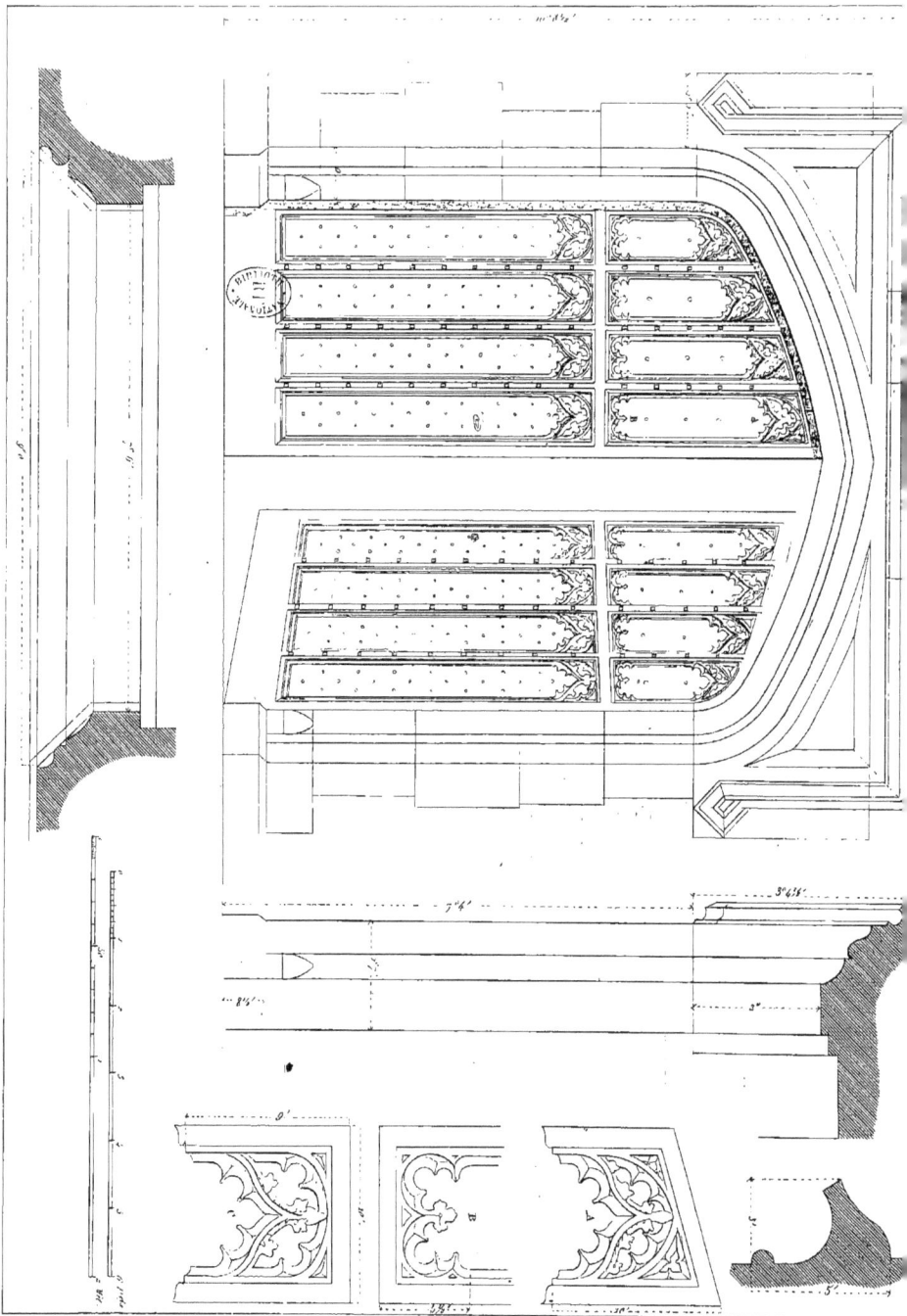

GRANDE PORTE DE LA MAISON DU CHANCELIER À LINCOLN.

Publié dr A. Lévât, Éditeur.

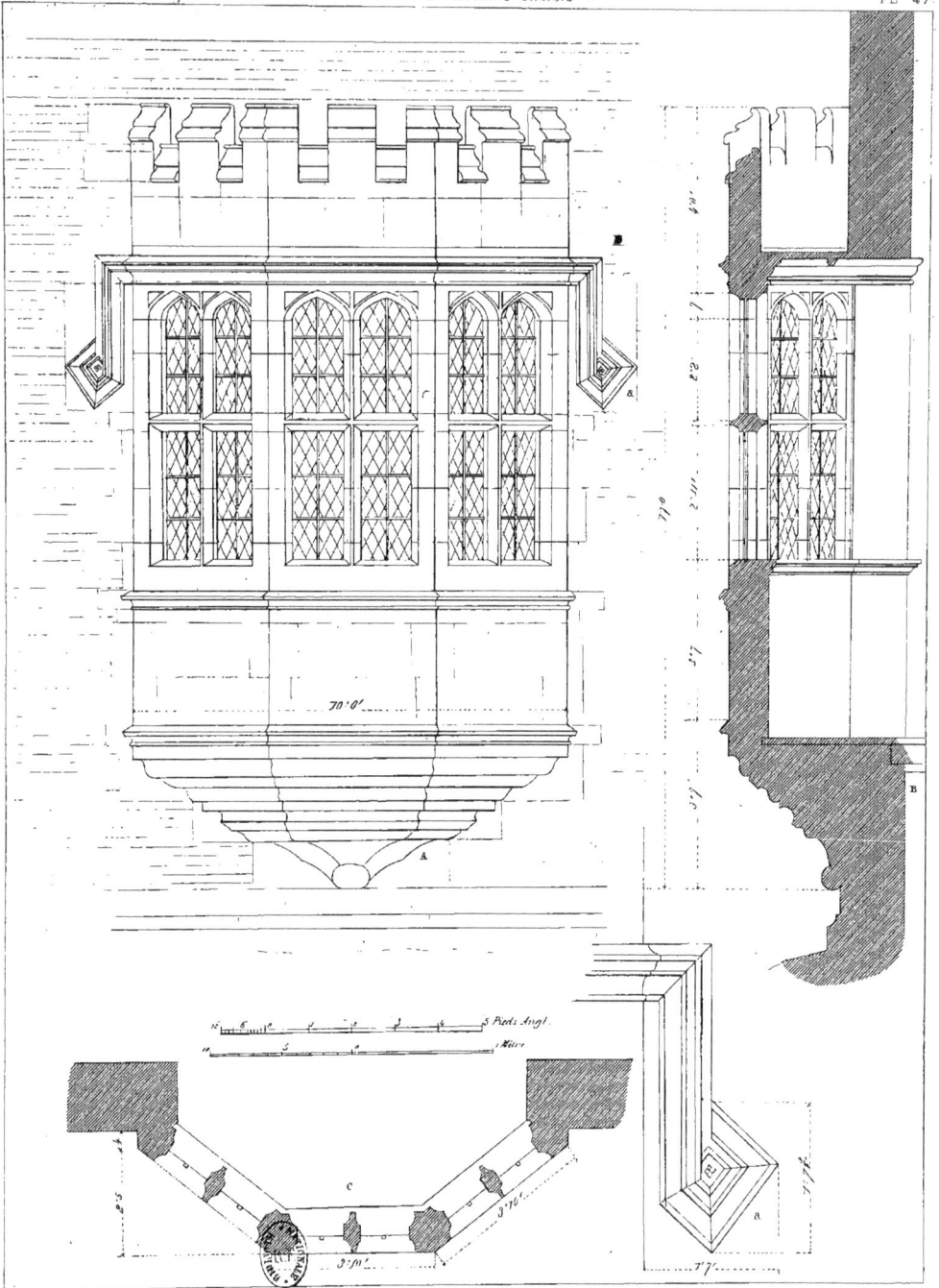

MAISON DU CHANCELIER A LINCOLN. FENÊTRE EN ENCORBELLEMENT.

Établ.t de E. Noblet, Éditeur.

CHAPELLE DE St GEORGES A WINDSOR AUTOUR DE L'EVEQUE BEAUCHAMP

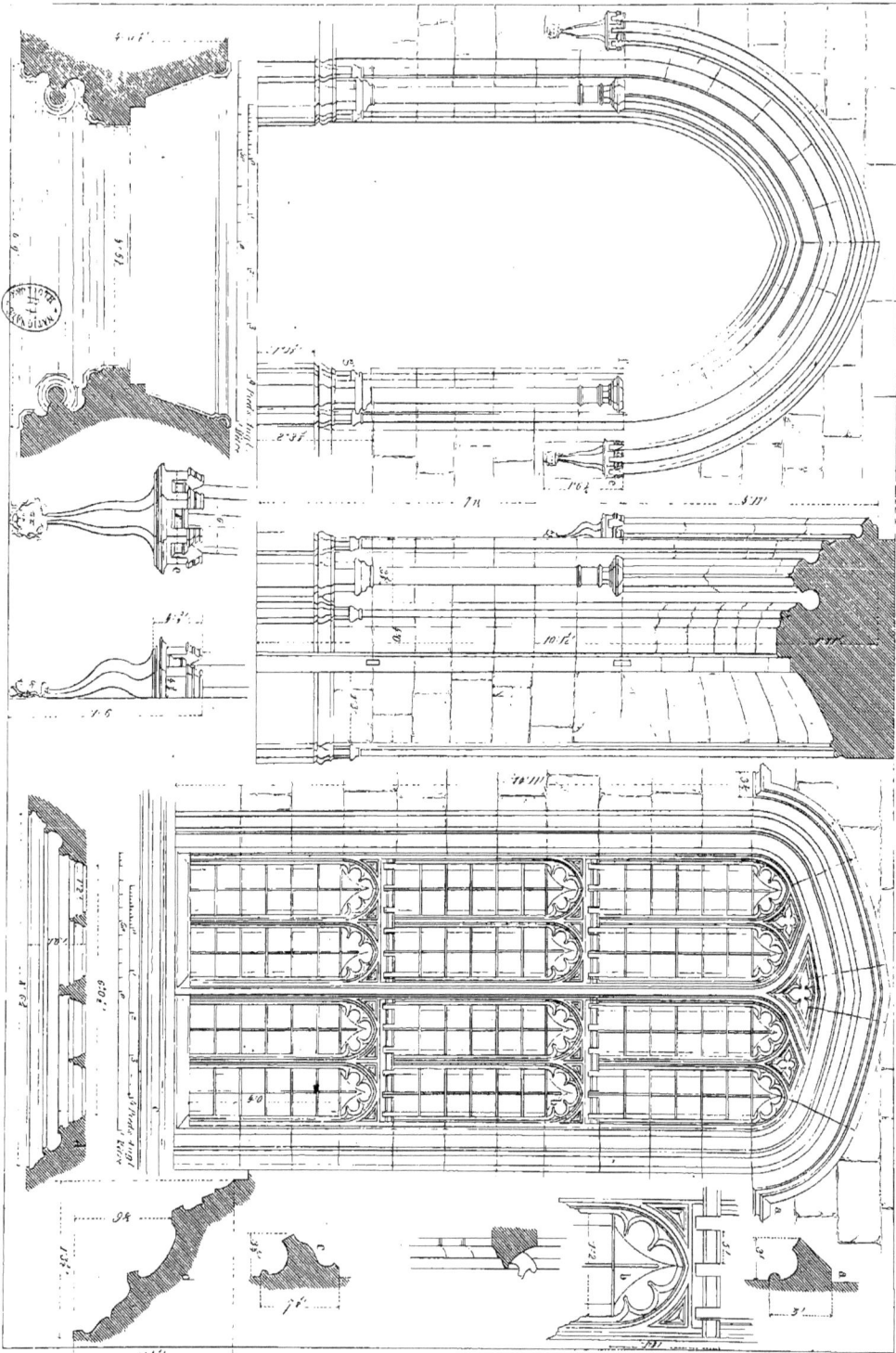

CHAPELLE DE ST GEORGES, A WINDSOR

Lith. de E. Viollet, Éditeur

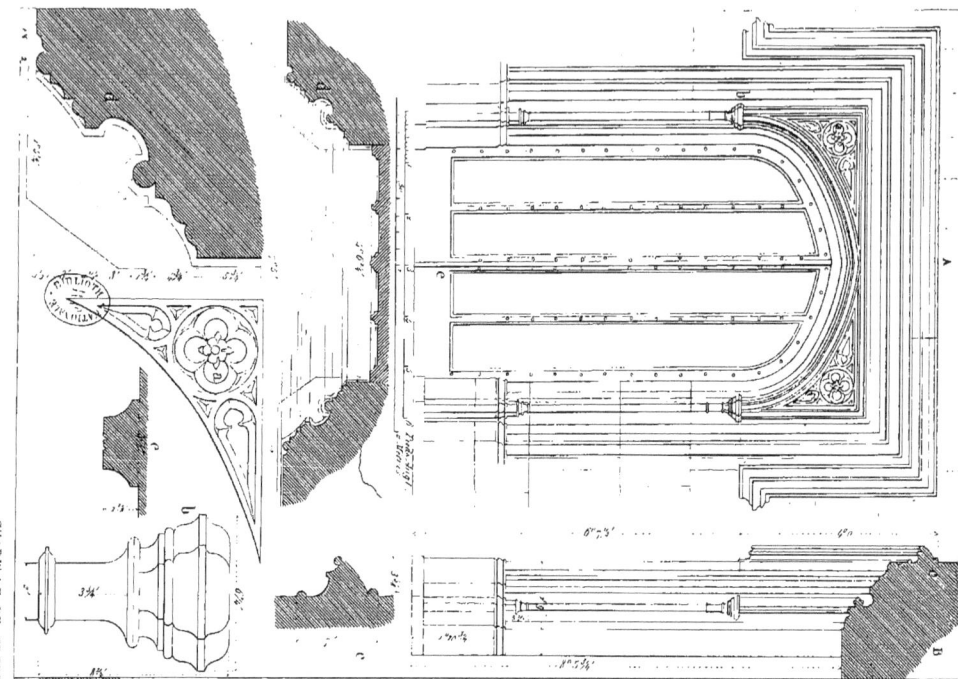

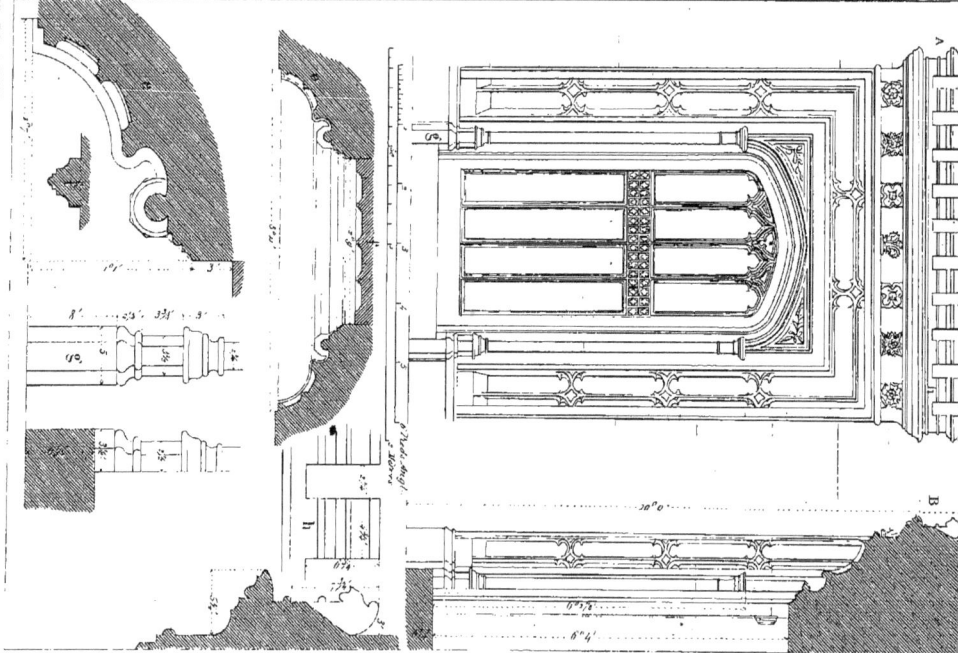

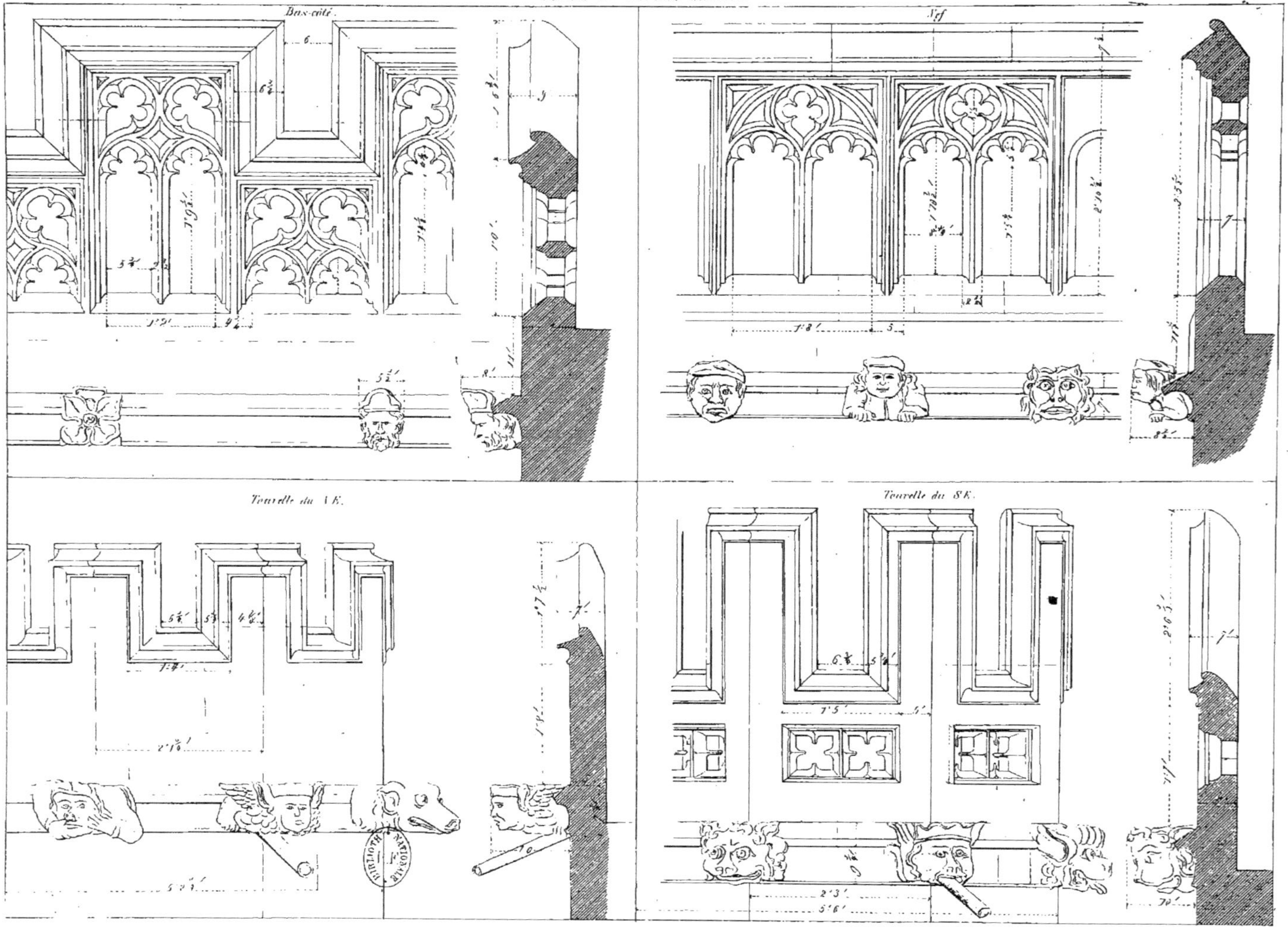
Bas-côté.
Nef.
Tourelle du N.E.
Tourelle du S.E.

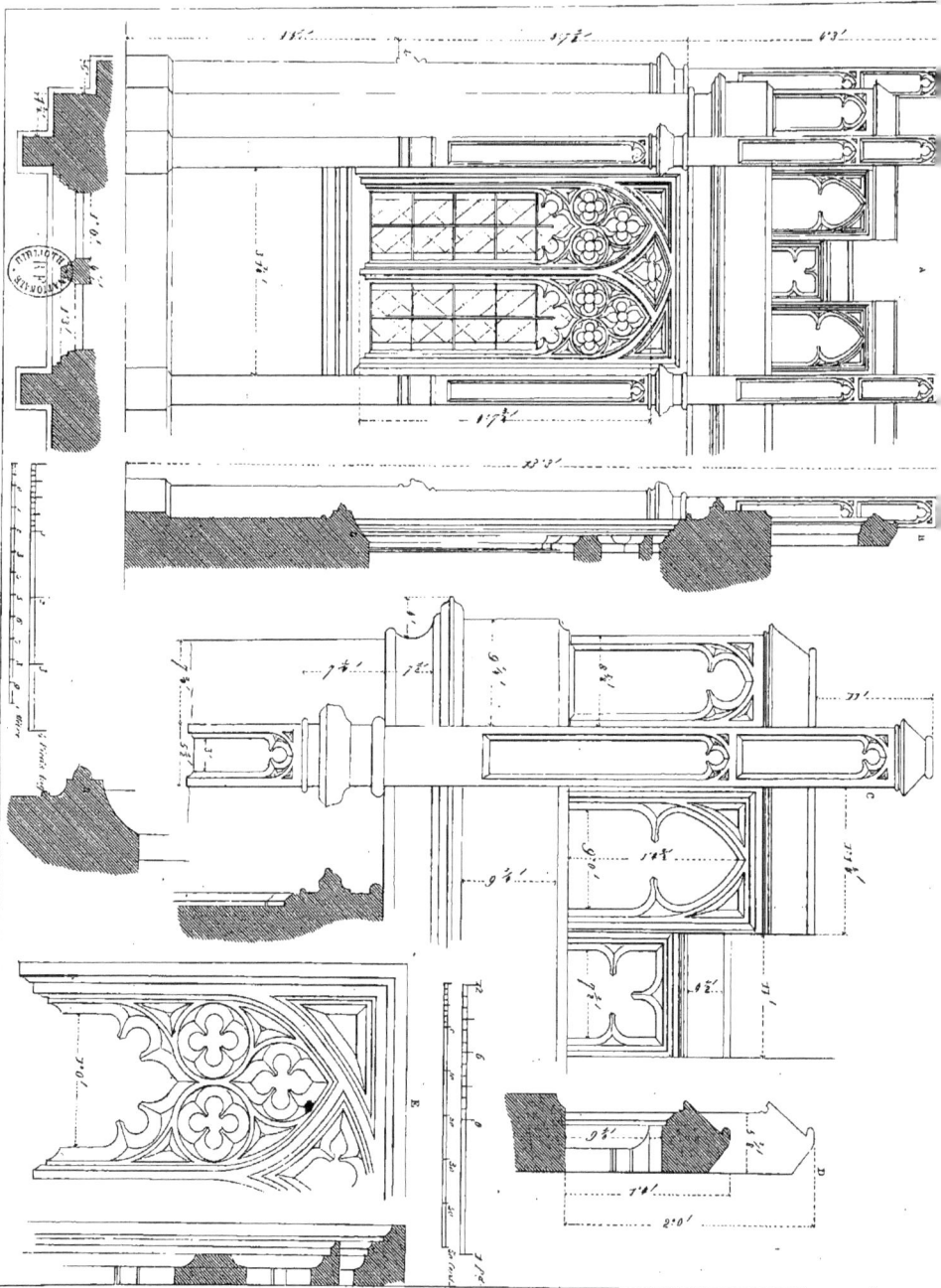

CHAPELLE DE S.ᵗ GEORGES A WINDSOR UNE TRAVÉE DE LA CHAPELLE D'ALDWORTH.

Imp.r de L. Valdor, Editeur

Motifs
et
Détails choisis
d'Architecture gothique
empruntés aux
anciens édifices de l'Angleterre
par
A. Pugin, Arch.te

CHAPELLE DE HENRY VII ENTRÉE DE L'AILE N

Établ.t de E. Noblet, Éditeur

PARTIE DU CENTRE MONUMENTAL DE TOMBEAU DE HENRY VII A WESTMINSTER

Imp. Lith. de A. Salmon, Éditeur

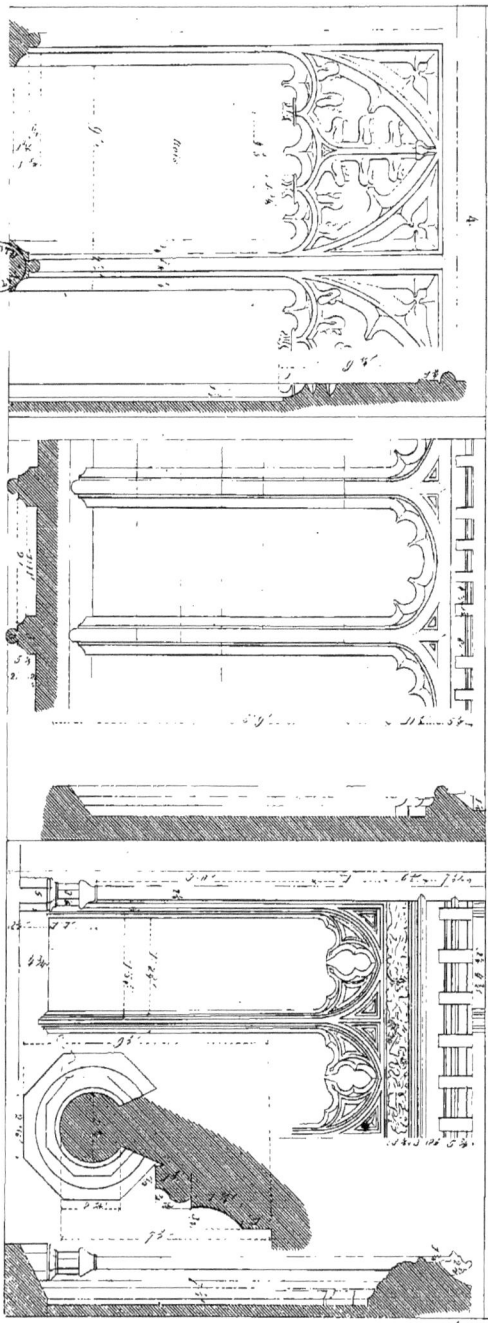

MOULURES D'ORNEMENTATION ET DÉCOUPURE DE PANNEAUX

PLATE N. F.

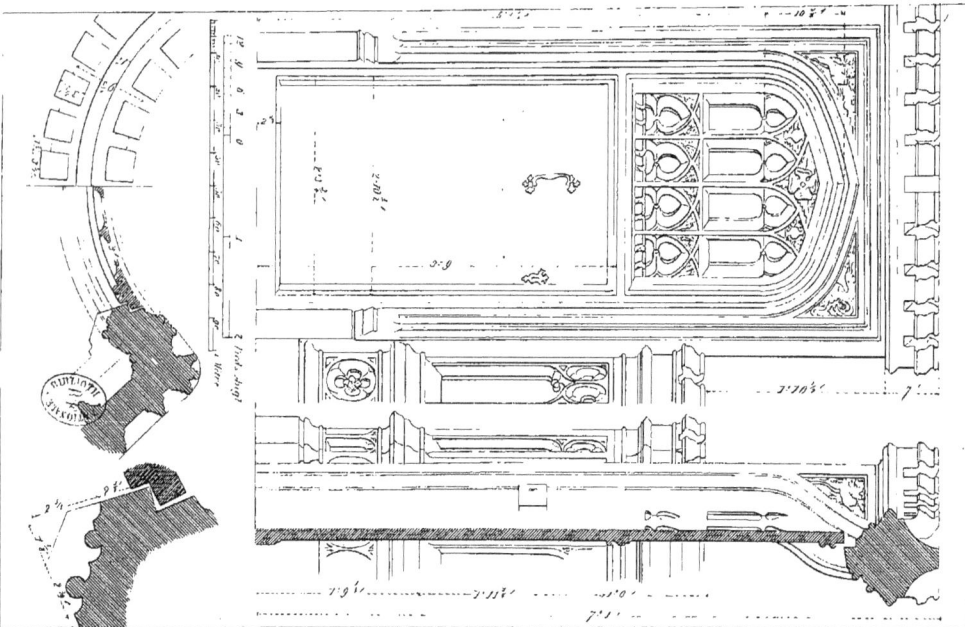

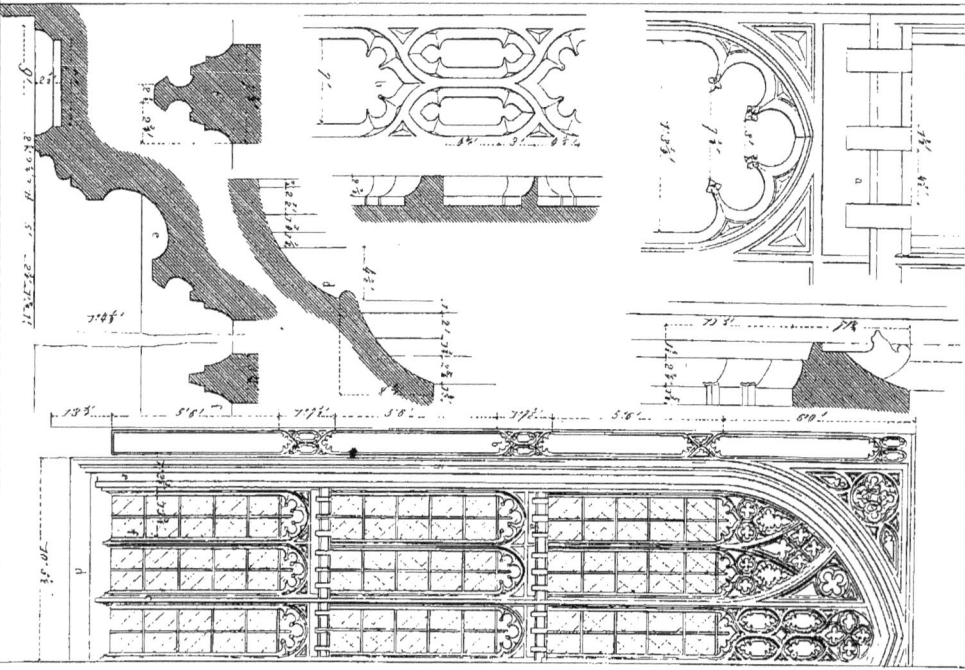

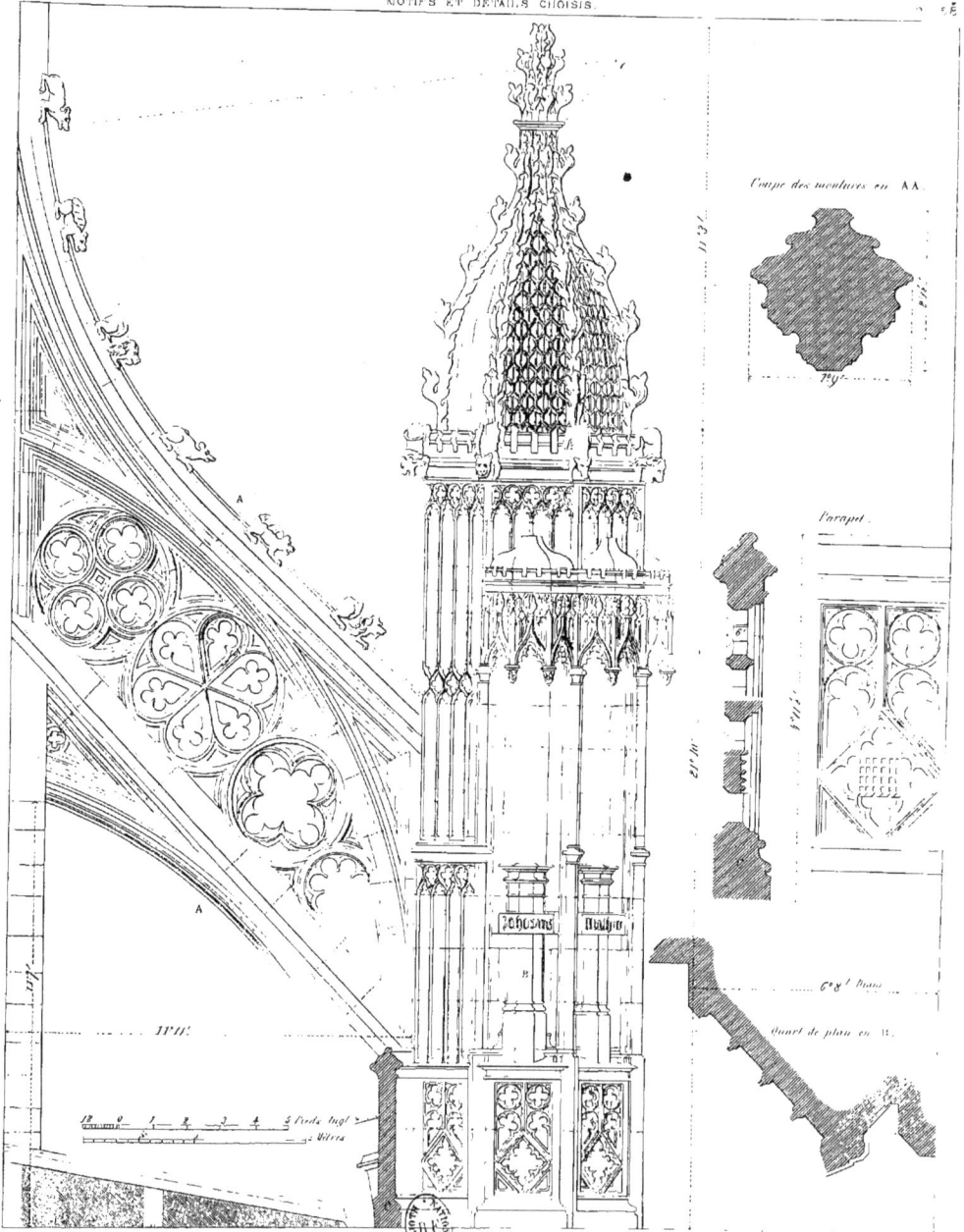

Coupe des moulures en AA.

Parapet.

Cet Plan.

Quart de plan en B.

Établ.t de E. Schlet, Éditeur

A

B

B

Échelles pour les détails

CHAPELLE DE L'ÉVÊQUE LONGLAND, DANS LA CATHÉDRALE DE LINCOLN.—PARAPET, PINACLE, ETC.

Établ. de E. Liébert, Éditeur.

Pinacle

Plan en V

Oiseau

Contrefort

Partie en S

www.ingramcontent.com/pod-product-compliance
Lightning Source LLC
Chambersburg PA
CBHW060026100426
42740CB00010B/1612